文學叢刊之六十五

錦繡河山見聞

林漢仕 著

文史哲出版社 印行

國家圖書館出版品預行編目資料

錦繡河山見聞 / 林漢仕著. -- 初版. -- 臺北市
: 文史哲, 民 85
面 ; 公分. -- (文學叢刊 ; 65)
ISBN 957-549-038- X (平裝)

855 85010713

文學叢刊 ⑥⑤

錦繡河山見聞

著者：林漢仕
出版者：文史哲出版社
登記證字號：行政院新聞局局版臺業字五三三七號
發行人：彭正雄
發行所：文史哲出版社
印刷者：文史哲出版社
台北市羅斯福路一段七十二巷四號
郵撥〇五一二八八一二彭正雄帳戶
電話：三五一一〇二八
實價新台幣二五〇元

中華民國八十五年十月初版

ISBN 959-547-038-X

自序

偶然整理囊篋，把大學讀書時代的隨堂習作翻閱一過，腦袋裡突然閃過：「奈何任埋沒？」的歹念！謝冰瑩老師在稿上批：「可發表」。並給A加高分鼓勵，一幌眼，鎖在故紙堆中已有二三十年。時代都改變了，辜負了謝老師一片美意。今我已退出道場多年，當然：「不自求騰軒。」應是眞話，也是老來心態。事事漸不掛眼，但仍然不免偷笑黃山谷太死心眼，黃老先生說：「老來日上面，歡悰日去心；今已不如昔，後當不如今。」人生嘛，有生就有長，有老有死，雖孔聖人，老眞人，也必遇到「不堪容易少年老」的遊戲規律！嘆什麼落花流水春去也！其實明年花裡又逢君呢？你看春色正滿園，落英已濱紛，何況還有後年，二十個或更多後年呢！老了，學學混同人物、齊一是非。六道中既是以人爲貴，雖老，該，不該；不該，該了。還是好過仙佛百倍，因爲生死大事，你還來得及作主當家呀！五十者衣帛，七十者食肉，有事弟子服其勞，因此我覺得閒煞！因爲閒煞，不免又造了些「業」！竟然排比出二十三篇和稀泥新舊稿子；激蕩、翻騰，不見血，不見淚；粗糙、癡愚，一點溫，一點火。前後三十年，事泛兩大洲：大陸見見聞聞，萬五千字；美西去來，三萬多一點。零星整合，十萬有奇，我自己在讀，並不斷產生錯覺：「被褐懷金玉」，是邪？非邪？結果又可能「蘭蕙化爲芻」，蠶績蟹匡，承虛接響而已，好比劍頭一吷，那有輕重！少年時眞該養好羽翮，期能乘風搏扶搖而上九萬里。今老驥已伏櫪，亦頗服老，空懷偉志。從前緣木去求魚，升山且採珠，無得無成，甭悔！六十年前家祖父林公上學下鳳親授予少年童子功，及「呵噓呼呬咳嘻」六字健康咒，老來回味溫故，足以健身；早起百十聲阿彌陀佛聖號，去妄少欲，足以健心。心健身健，雖不能上天入地找資料，總該動手動腳把未竟的易卦爻辭集釋串聯成套吧。偶然來個短篇小品，那是小菜，活水源頭。至若載道、明道嘛，「我今告爾以老。」不拒絕（寫），也不強求（讀）。沒有使命感，就不必刻意扭曲附會大道。明年今日周易廣玩應可付梓，文史哲彭正雄老闆一再保證：「你林某人稿來即付剞劂。」特殊禮遇，既老又懶的清閒自在身，臨淵久不羨魚，刀耕火耨，亦祇半間不界，夯雀先飛，大雅一笑可也！

錦繡河山見聞 目錄

夜夜江山入夢來

前言

人生如寄，繁華夢易碎。我們走過的種種從前、果然留不住，喚不回。不要徒嘆當時、即使暫生枉然的心態！何不多看眼前百般世事人情；你看她嫵媚，她看妳可愛。讓它常駐你心、終日裡逍遙自在。嘆甚麼秦宮漢闕、街坊閒話；立什麼大節、紅塵是非不惹。快活一老翁。送走那百般愁字、嫁與長風和晚霞。閒不住、忙不完。流水眞不腐，滾石那生苔？三年歸去來，自由受用，享樂隨緣。下面是記一些支離片斷退休生活的一斑：

一、陸遊前輩的〈夜夜山河入夢來〉，道盡了我們退休人員生涯的回響。

生平不愛多說話，就是說話、也未必中聽，雖然、我是靠嘴吧吃飯，強聒噪賣聲音的教師。所謂強聒噪賣音聲、那是指在課堂上、不是憑你舌燦蓮華叫座、循循然善誘同學來『沐浴春風』，而是你非全神貫注不可的升學點子。或者說託傳統的『師嚴然後道尊』的錯誤觀念，輕易的取得學生信賴，與之約法三章：上課不准頻頻點頭示好（睏也），不准發聲問、打斷老師說話（怕老師一時辭窮有失面子），不准……。做老師眞是天下最有情意的行業，威風十足，帥呀！我算找對行了，一幹就是卅年、而且樂此不疲，今退休已近三年，夜夜講堂仍然入夢來呢！學生依然（高朋滿座），講課聲音依然鏗鏘清脆，妻在耳旁咬耳朵輕聲說你在跟誰講話？『不要講話』一聲大吼，嚇壞了老妻，也驚醒了自己。哇帥！陸游當年的夜夜山河入夢來。和我一樣得了職業病呢！陸寫夢中戰地生活成爲愛國詩人，我可不是熱衷教育、喜愛教化後生的什么教育家。只是找上這一行業，靠這行業吃口輕鬆的飯。我教過英文，夢中英語朗朗上口，流利得醒來後也吃驚。我教國文，重溫教師夢時、看到學生小子們一如往昔、又飢又渴的樣子，能不卯足全力、上下四方盡情馳騖？又在他們驚喜之餘、輕飄飄的再蓋回到中心論點來，多棒呀！拍案叫絕的聲音彼起此落。妻用肘碰我說手舞足蹈的在幹嗎？冷呀！在雙人被子裡一向安分的我，情不自禁的得意洋洋，吵醒妻、妻又叫醒我，定了定神，忙跟妻子道歉，翻個身續下一齣黃粱夢去了。能吃、能睡，不必刻意安排生活。拜佛念經、登山運動、電腦習作、陪太太買菜，替兒女做飯、都算是日常功課。忙，心甘情願。白日將過，愉快充實。盼望天黑，上床又有另一番佳境。幾聲南無阿彌陀佛號後，悠悠然來到另外一個世界。袁枚先生說『夜來無好夢，反覺醒時安。』這是一個有責任感的老人經驗談，觀紅樓夢中那個暗戀鳳姐的哥兒，幾番夢漏後、命都保不住。何況袁枚兒還有雖不十分愜意、但年青貌美的妞兒需要全力侍候！我無是處。心正則邪念不生，所謂心如功曹、功曹若止、從者都息，一點也不錯。有人說聖人無夢，如果說只指狹隘的佛菩薩聖人無夢，那是百分之百正確。因爲佛菩薩只有入定、個人意志十分清醒、沒有睡眠。孔子是儒家、是聖人。『吾久不夢見周公』。表示常夢見周公。我們能否定孔子不是聖人？也許孔老夫子只是借個倚託。做夢是沒有個人意志可以左右它的，很自然的有一大部分是過去生活的重組，夢裡不知身是客，一晌貪歡，是人之常情呀！我孺慕天亮又天黑，各有春秋，也各有佳境。也都心安理得。又有人說做夢，是你若干世前實際生活的再現。前生今世，姑妄言之，姑妄聽之何如？南柯一夢果然勝過七子八婿的郭子儀快活威風。夢裡堆藏總是金，一場富貴喜難禁！建設自己的工程師，不靠別人，正由自己啊！大阿羅漢也有夢漏，鬧了笑話，著了心魔。可畏可怕。拜佛念經可不是心如死灰，心如枯木。它活潑進取，歡喜滿足。我相是火種，五欲作柴燒。隨叫隨供應、狂飆賊清淨。能拜倒自我的貪瞋癡執著分別妄想，生無所住心，世間一切都會變得可親可愛。習氣自然慢慢的放了下來。

二、一樣艱難登山、另種鬆弛組合，沒有河山之異的眼淚，只見忘機好友的叮嚀。

爬山嘛，我們與健康有約，和昔日可敬的師長、同事踏遍台北近郊的小山。和周何老師同遊、可以邊爬邊聊、上下古今、有問必答；和吳海鵬老師，我們尊他爲領導的，史耀華主任、以及他那賢慧美麗的太太，五十年老同學老同事大詩人陳沅淵老師，十分敬業的顏學愚老師及其夫人黃老師，陳心銘老師和他的大陸表妹愛人同志，博學多聞的丘尚堯老師，苦學有成的學者劉慕周老師，十分虔誠基督的劉道荃主任，學者型黃寶琪老師，八十多了仍閒不住的郭來旺組長，生財有術的羅遠華組長和現職數位年輕夫婦老師，天南地北對人事物、盡情月旦，啊這不是堯天舜日、百花齊放，百鳥爭鳴的世界嗎？這裡沒有引蛇出洞的遠慮，大聲說話，不怕隔牆有耳。言之者無罪，聞之者亦不必戒。中午行腳到一段落，熱咖啡、好茶、冰牛奶、萬巒豬腳、燉牛肉切片、永和燒餅、蛋餅一齊上桌，滷蛋、九華花生剝不完。行到水窮處，坐看雲起時。興猶未足，大夥又相約下次登山時間地點。人人都是神仙眷屬，眷屬神仙。台灣糖，白糖甜，甜津津，甜在嘴裡也甜在心。蓬瀛仙島眞堪老，五十年來生聚教訓、登高遠眺，早已認同本土了。新亭對泣，笑話！誰還擠得出表達甚麼河山之異的二滴眼淚？咱們都是活神仙，這兒正是仙家的故鄉。張果老何在？何仙姑何在？你認同咱們、咱們也來認同你呀！（注：以上是兩組登山仙家陣容由吳海鵬老師及劉道荃老師邀約）

三、電腦習作、只是興來開機。

電腦習作：如臨老學吹簫、中氣不足，也不成氣候。但滿好過日子的。邊想邊打，停停打打，雖不滿意、但還可接受的阿Q精神十分可愛。周老師說爲發揚中華文化精粹盡一份責任！我無是也！但得適性養老、焉往而不自得？倉頡、簡易、注音，大易交替使用，其用無窮。既冷又澀的易經集傳評論暫置一旁。說到易經傳傳有點興奮又有點不是味道：興奮的是白紙印成黑字、厚厚的六七本、一百六七十萬字，其中過半是我林漢仕的案評，爽！黃老師慶萱說：我研究所的學生、乖乖、人手一本用你的大作呢。問題就這裡，上庠學生不經廣告介紹、靠口耳相傳去覓得這些冷門的書，怎麼上庠老師就吝嗇發文批判？書商倒不以冷門學術著作難暢銷爲由，反而極力慫恿繼續出版。上下卦還有三十卦待續呢！不是味道、是沒有反響，寂寞長路還得走下去。去年一年裡，寫寫停停、希望今年一九九六年能發揚老鼠精神，日以繼夜、孜孜矻矻、以底於成。能嗎？但願心想事成！

四、一首打油詩，味道雋永。

男女紳言十八頁載一首打油詩：

妻是猛虎兒是狼，我是群中作一羊。但得喜時同歡喜，他們煩惱我遭殃。愚谷老人編的。油味十足。不讀古人書、怎會知道古今有人同病相憐呢！不過我倒是滿心感謝、心甘情願的想回饋他（她）們。

陪太太買菜可是一門大學問，第一要有耐心等候的功夫；你想買、太太不要、你要有隨喜的功夫；第三要任勞任怨、不要吭氣、又要適時說些不著邊際的話、免得被罵怎麼啞吧了！買的菜盡是你不喜歡的，你得陪上笑臉說好菜好菜！你心裡會很得意的笑，那是菜鳥的菜。哄太太是做丈夫的專利，只要出自善意的，忠誠的，明知是謊言，我那老伴啊也會笑得像朵盛開的牡丹。所以每逢禮拜日，我總是興致勃勃的樂意做太太的跟班。推著菜籃，一身勁裝，太太在前我在後，標準的女唱男隨，向龍泉菜市場高歌合唱挺進進行曲。

至於掃地煮飯，那是日常功課。我家王子不挑嘴，公主他和她母親總司令可不好侍候。飯不能太熟、也不能太生，菜不能太鹹、也不能太淡。菜要七分熟、不能加任何的肉類，油水太多不吃、色澤不翠綠不吃。有一次我燉了一鍋香噴噴的腱子肉、色香味俱佳、想必家人進門必然大呼今日食指大動、好吃的快端上來！只因爲太得意了，面上露了點神祕的臉色、太太拒絕吃、女兒也不幫忙、兒子還好勉彊舉箸捧場。得不到家人妻、子的稱讚爸爸好手藝，害我足足撐了一個禮拜呢！下次我看不敢了。那是口頭語！基於愛心，牛肉燉蘿蔔：自己吃。蓮子、紅棗、苟杞、人參、當歸、冰糖和酒一大鍋、又是自己吃。手藝不長進，烹飪學問大，我看君子眞該要遠庖廚呢！儘管如是，我還是再接再厲、我煮我的。好在我肚大能容，能容妻女不吃的飯菜；嘴大能笑，笑天下美味一人獨吞！不過有時候也偶爾看到＊風捲殘雲、蓆捲落葉＊大夥吃得精光，這時老爸覺得面子眞夠大。又在得意自吹自擂，妻女走避唯恐不及，魯班師父前弄斧、當關帝爺面耍刀，自討沒趣是想當然的呀！我家沒買味精高湯甚麼的。老爸建議：賀兒子這學期all past；小姐平均九十多；小兒子甄試通過直升台大土木研究所，到吃到飽餐廳去慶祝一番何如？兒女同聲反對，並反建議請媽媽下廚，在家好好吃一頓媽媽大餐。賺人眼淚呀，特別是我這老爸，煮夫下廚太久了。媽媽淚眼潸潸，似乎是在感謝兒女的擁載。我愛買菜配菜，但總是拿捏不準，常被數落，反正臉皮也厚多了，心甘情願拜夫人爲師慢慢學吧！不過我要以過來人的身分鄭重向行政院提出建議：趕快設置即將退休人員烹飪訓練班。並且經考試及格才准辦理退休。蓋方便回饋妻子家人也！不是嗎？一生受人侍候，古人說：受人點滴、報以湧泉。妻子一生都在侍候你呢！爲你犧牲青春，爲你張羅飯菜，為你快活過日子，你可知道飯菜是怎麼端上桌來的嗎？不該湧泉以報嗎？更何況嬌妻還幫你生了大寶、小寶幾千金萬金來的，不該特別疼愛分勞！牛吹大了，我這老爺脾氣要怎麼改呢？跟老夫人商量再說吧。

五、內外丹功長生不老：

我練外丹功已十七年了。張志通大師在九份苦修十八年，成為海內外兩岸內外丹功一代大師傳人。我呢，甚麼叫奇經八脈大小週天都還沒影子，遑論甚麼天眼飄浮神奇的功力！張老師說過，在你們當中幾千百萬人，有一人學會了也就不錯了。韓非子說無參驗而必之者非……。健康、快樂、家庭和睦、我想凡是練過外丹功的同道，沒有不同聲感謝的。我仍然在練、我不想成仙，但每天分配了二小時練外丹功十二式，說眞的，夫子之不知老之將至深感夫子之道至此不孤矣！今天張太師已坐化南台灣鹿耳門道館、不再南北來回奔波巡迴親授祕笈了，我們還在勤練十二式，希望固守早期外丹功口號：健康，快樂，家庭和睦也就足夠吸引貳千壹百萬同胞了！（對不起、借用一下政客常用術語：為二千一百萬同胞）

退休生涯趣事多，生涯規劃似不用提前，船到橋頭自然直。只要你有勇氣接納友朋好的意見，你會發現前路平坦寬敞。老年人戒之在得、不管是得過且過、還是貪得無厭、或者是道德彌高的得（同德）。有所爲、有所不爲的早年操守要繼續執著固守。隨緣但不隨便，多結善緣，拒絕孽緣，你就是活神仙、就是觀自在菩薩呵！

一九九六、三、一八　溫州街鳳美園書屋

孟子辯微

論、孟子一書，國人公認其爲國學入門之鎖鑰，叩六經諸子之寶冊也。不才何幸，偶獲講述論、孟之機，探微究奧，側擊旁敲，樂何如也！玆誌諸生啓于者數則，公諸時賢，俾幸有以匡正卑陋之志也。

或問余曰：「禹稷當平世，三過其而不入，孔子賢之。顏子當亂世，居陋巷，一簞食，一瓢飲，人不堪其憂，顏子不改其樂，孔子賢子。孟子曰：「禹、稷、顏回同道，禹思天下有溺者，由己溺之也；稷思天有飢者，由己飢之也……」何謂也！

余應之曰：「此聖賢之志也，急民之所急，故是孟子云：『聖王之志，在樂以天下，憂以天下』是以禹以思天下有溺者，猶己亦陷溺水中也，天下有飢者，猶己亦蒙受飢餓也……。」語未竟，群弟子嘩噪，若喜得師失而亟欲顯之也。彼云：「教育部審定之中國文化基本教材，國立編譯館主編之國中國文第四冊課本；坊間譯本諸如四書白話句解、新解、四書讀本、廣解四書多作：『大禹看到有人被洪水淹死，就像是被自己推下水中，使他們淹死一樣』或云：『禹想天下有被溺的人，就像是自己的不盡力而使他們陷溺的……所以那樣的著急。』吾師所言，不乃大謬乎！汝其毋作杜撰無根之語也！」余應曰：「子言誠是，然有執偏以正正者，其失愈遠，猶操中土音者，學得臺灣方言調，用正臺灣人之音也。學有所誤，蓋本操中原音也；語本自然，本地人之音也，以所誤用正自然，奚止釐毫之失也！坊間譯本羅列，展轉相襲，吸吸者誠衆矣，學者不及細察，爲害烈矣哉！蓋聖人之心，憂樂天下，若如彼言：『就像是自己被自己推下水中，使他們淹死一樣。』『就像自己的不盡力而使他們陷溺的。』則禹其精神病者矣乎！既推之使就溺，又欲急拯之出水，補過矣？良知未泯滅矣？吾誠惑矣！昔者子張問何如辨惑於孔子，孔子答曰：『愛之欲其生，惡之欲其死，既欲其生，又欲其死，是惑也！』聖人有是矣夫！無也！禹王大聖必無是也，準此理，非禹使之溺，非稷使之飢道理甚彰。或云『禹自過未盡厥責，故急民急若是。』亦非是，禹未受命，蕩蕩洪水方割，浩浩滔天，僉舉鯀而九載績用弗成，及殛鯀于羽山，而後衆舉禹於舜前，命平水土，禹拜受命，前此九年，禹無聞焉，及彼受舜命，惟治水是勉，則禹毋須自過未盡厥責而人亦知非禹之過顯矣，禹爲聖王，所行不思而得，從容中道，在其位，謀其政，思急民之陷溺，猶己之被溺也，救己之溺，無過是急矣，以拯己於水火中之急情，用赴民之大急，此禹宜其三過家門而弗入也。以上二說非孟子意可無惑矣，坊間譯本倉卒，陷聖人於不義，令學子據以難師，三家過河，爲害大矣！學者不可不勉！」

又問：「然則國文文法明以示我：「由己溺之也」之「之」字，宜爲代名詞。若依先生意，豈爲語助辭邪？」曰：「然，試舉孟子他文相參考；孟子盡心篇：『食而弗愛，豕交之也；愛而不敬，獸畜之也；恭敬者，幣之未將者也。』其句型相類。其意即食之而弗愛，豕之交也；愛之而不敬，獸之畜也。職是故，『猶己溺之也』『猶己飢之也』應作『猶己之溺也』『猶己之飢也』明矣。」

又問余曰：「然則吾師亦有所本耶？古人注疏云何？」曰：「焦循正義引謝少宰墉云：『由當讀如字，蓋己既爲司空，則天下之溺，由於己，己既爲后稷，則天下之飢，由於己。由誤爲猶，當是譬況未合……』此爲時下各家所本而深信之者，蓋此輩中人以爲確乎『深得孟子之旨』者也。然十三經注疏引正義曰：禹於是時，思念天下有因洪水而沈溺也，后稷於是時，思念天下有因水土未平而被飢餓之者，亦如己被其飢餓也，是以三過家門而不入其室，而爲民如是急也。』此說甚是。蓋：『亦如己被其飢餓也』之說，毋容贅辯矣！

其二、孟子梁惠王章句上引孔子語云：「仲尼云：『始作俑者，其無後乎！爲其象人而用之也。』某生詰余曰：孔子聖者矣，何其不賢之甚哉，吾聞古有殉葬之俗，由來已久。如詩秦風黃鳥篇云：『交交黃鳥，止于棘，誰從穆公，子車奄息……』其殉者百七人餘人，子車等三良與焉。秦穆公時尚如此，古俗可知也！苟非聖賢，無由破其陋俗，今孔子反誣以俑代之者『無後』，其責不亦苛夫！應之曰：「聖人之仁，澤及萬物，參天化育，思以一毫違於理，必發而之止焉。夫子之用心，爲其象人而用之也。昔者人有嫁其女者，臨去母敕之曰：「慮勿爲好。」女曰：『不爲好，可爲惡邪！』母曰：『好尚不可爲，其況惡乎！」今若有人問余曰：『夫子與古殉葬之俗邪！』吾必曰：『否，夫子不與也，芻草木偶尚不可爲，況有生命者歟！夫子有云：「生乎今之世，反乎古之道，如此者災及其身者也。」信乎夫子不爲也。夫子有精益求精之意在。古殉葬之俗已廢，今雖易之以物而其殉葬動機仍在，至使流風不得抑止焉，斯爲孔子惡乎始作俑者其用心之不仁也，宜乎有是『無後』之嚴責！」

其三、有問余：「告子上孟子云：『人性之善也，猶水之就下也，人無不善，水無不下，今夫水搏而躍之，使使過顙，激而行之，可使在山，是豈水之性哉！其勢則然也，人之可使爲不善，其性亦猶是也。』其取譬可乎？論語子張篇子貢有云：『紂之不善，不如是之甚也，是以君子惡居下流，天下之惡皆歸焉。』則水性之就下，猶人性之爲善，愈下則汙賤之實愈厚矣！是故君子惡居下流也。設孟子喻以：『人性之不善也，猶水之就下也」則取譬允當，吾師以爲然否？曰：『否！吾嘗聞弓英德夫子評孟子爲詭辨，服人口不能服人心。易『人性之，不善也，猶水之就下也。』外表似是而實非，其誣孟子也耶！蓋孟子意在斥告子之『人性無分善不善也，猶水之無分於東西也』之比譬，水之無分東西，必藉外力使然，非水之性也。設一塘春水，無隄以堵之，水必四溢，其豈水之性哉！故孟子責之以『水無分於東西，無分於上下乎！』其說甚是。蓋善者必美，必能，必祥，必義也。水之就下，其尾閭必爲天下水集歸處，故莊子云：『天下之水，莫大於海，萬川歸之不知何時止，而不盈；尾閭泄之不知何時已，而不虛，春秋不變，水旱不知……不可爲量數……』則海量不爲雨盈，不爲旱損。大矣，美矣！是故能負鵬鳥水擊三千里，摶扶搖而上者九萬里之大力。水積之厚也，能矣！祥矣！李斯逐客書云：『河海不擇細流，故能就其深。』誠是。人性之善，猶水之就下，愈適性則匯集之愈廣厚，其稱善則愈明矣！故順序水性則集其大與深，以至莫測，順乎人性則歸本自然，則惻隱、羞惡、辭讓、是非之心自見，仁義禮智我固有之也。至若論語子貢所云：『君子惡居下流』乃就品位言也，非孟子取譬之意，君子宜察焉。

以上所舉，疏略罪其在我者衆，幸仁人君子有以教正。

一九七三夏

錦繡河山見聞

一、前　言

客滯滄海，白髮漸漸鬢殘。少小時節，無奈出鄉關久矣，天馬不入夢！離情反更眞。神馳故園四十秋，世事難逆料〈鐵幕〉竟容遊。廿六天南北走，船過雁飛，聲痕俱佳。斯即所謂見見聞聞也！

一九九三年八月三日下午三時十分，在華航機長一聲『要有禮貌，面帶微笑』么喝下，空姐們果然一個個笑容可掬的迎接我們進入機倉，帶我們飛向遙遠的夢境。播音室傳出『現在飛行高度是三萬尺』。一股壓制不住的欲望『撒泡尿』，回顧半生，沒有什么贏人，今天算是『人上人』了，該自我滿足一下。星雲大師平日告戒我們處下，忍辱，一切空，到此全被阿Q精神壓住，快呀！在三萬尺高空的一泡尿，竟把生平積怨化作煙消雲散，衆生們，總算也有我林某人的這麼一天，在你們頭上撒尿！可憐呀，弱者！空姐示範氧氣罩救生衣的用法，講解逃生要領，在她們說是〈老生常談〉，一天要做好幾次，在我們四百多個乘客來說，也許是司空見慣，聽者渺渺。事關生死，爲什麼大家不好好聽，難怪政府的政令要三令五申，還是不能貫徹，逞你是老顧客，老政客，決不會『倒綳孩兒』，事到臨頭，最措手無策的，恐怕正是這些空倌們了。轟轟的機聲，頂著的，踏著的，上面是雲，下面也是雲，在陽光下晶瑩剔透。孟子說『秋陽以暴之，江漢以濯之，浩浩乎不可尙已！』白，什麼三新棉被，皚皚白雪，都比不上陽光下一片片白雲的潔白亮麗。孟夫子一定有所見才有所發，古人何曾欺我！可見同步之難。中山先生能料百年事，不能者說他是大炮，正是說者苦不能同步，污蔑聖者之可悲！

二、桂林山水

石灰溶岩由於年平均雨量一千多公釐的塑造，成爲桂林陽朔奇特的山峰，〈山多犖确〉已不足形容這裡的山了，每座小山，就像完整的一塊大石頭，往上聳立，圓錐形的尖山，果眞像夢境，屋前屋後皆如是。據說十億年前，桂林本在海底，因爲造山運動浮出水面，歲月雨露的沖刷，剝去了一層皮，剩下骨架子，離海水平面已有一二百公尺了。這些只見果核，不見其肉的山，偶然有生命力特強的草樹，從石縫中青綠出來，平添一些生意，但仍不能掩飾其禿相和靦腆窘態，漓江的船，平穩舒適，可以卧遊，可以站立欣賞，偶然可見鷺鷥十數隻忙碌進出水面，為漁家辛苦，為漁家忙。比起咱們台灣用流刺網捕魚，大小通吃，一網打盡，原始多了。也厚道多了。孟子謂數罟不入窪池，魚鱉不可勝食。大家都不按牌理出牌，能源有限，取者無禁，竭澤而漁的後果，讓子孫去面對，我們今人多不仁啊！漓江船上的魚多出自鷺鷥的口，當船老大問我們要點什么鮮味時，我們不要吃鷺鷥的餘唾，拒絕加菜，結果，他們把船上的冷氣關了，雖經交涉，他們堅持冷氣是要另外買的，刁民出溲主意，這算是社會主義孵化出來的資本主義賺錢點子，殺雞取卵致富法？

從桂林摸黑飛西安，雖然搶得靠窗子的機位，將一無所見。桂林的夜景眞美，天給桂林如此妖嬈江山，讓無產階級來專政，十五年趕上英國，五十年趕上美國，但願不是神話，毛澤東卑視臭老九，在智識爆炸，日新月異資訊時代，搞絕聖棄智，民利百倍，這才是中國人的不智今日領導階層必定有所修正。

翻過五嶺，衡山，奔向秦嶺，好像見到了那條直透長安的『終南捷徑』，隆隆的機聲，飛過舊日皇家內院上空，吵到了秦始皇帝，擁有成千上萬『荷槍實彈』的兵士，曾經統一中華大帝國的一代英豪，可也奈何不了今日西北航空公司。米格蘭基羅若見了這八九千個造形不同的兵馬俑，當奉中國雕塑爲祖師爺。藝術史上，中國上古就不會一片空白。皇家兵馬俑的服飾，證實由法國人首倡統一軍隊服裝乃雌黃其口。秦始皇帝不祇養活六國子民，今天靠他本人和他成千上萬兵馬俑塑像的仿造，養活家口的七國之外，更可能有戎狄四夷非炎黃子孫哩！趙高你這小子雖亡了始皇帝的基業，殺了十五位始皇帝的愛子，你仍然是小醜太監，仍然是被始皇帝打過一百大板的奴才。始皇帝的餘光，十二金人不見了，照樣光芒百世，奕葉中華子孫我們今日仍以始皇帝爲榮。

『聞道長安似奕棋』，何止長安，北京，華盛頓，倫敦，我們台北，人事上的更迭興替也似奕棋。想得開就不必如杜公一樣，與『百年世事不勝悲』的感喟！今日長安有二百八十萬人，有世界最古老的文物，第八大奇跡現場展覽，也有世界最尖端的前驅科技在研究，處內陸而不閉塞，航路四達，將古今揉成一團。一頓吃的藝術如餃子宴，可以有二百種不同造形和味口，我們吃不到三十道就撐不下去了，只怪我們肚皮太小，裝不下長安那麼多的歷史！看完軍區附屬醫院的氣功表演，讓帶電的氣功師指頭在你手臂上遊走，反應是劇烈的顫抖，舒服，他們稱作磁場反應，這種反應，使你極度驚奇，舒暢，因而產生感激心，接著賣藥，防老，防斑，活血，無病不治，參觀者變成中藥採購團，一擲不惜萬千，眞以爲遇到了大羅仙，買到了仙丹。蒲松齡的聊齋誌異，記載一女子，藉口技行醫，誤導群衆以爲眞大仙降臨，把希望投入，蒲文隨即作結說：『試其方，亦不甚效。此即所謂口技，特借之以售其術耳，然亦奇矣。』我看陝西軍醫院氣功表演，亦若是也，特借氣功賣藥而已，幾個療程過后，經查詢並未改善甚麼！

三、咸陽走馬

西北航空公司延誤了飛行時間，據說準時才是新聞，不準時是常態，播音員一改再改到北京去的班機，足足等了五個半小時，航空公司表示歉意，送每位旅客便當一個，礦泉水一小瓶。同行陳教授建議打發等待的無奈，商請大家坐遊咸陽城：一個個小山丘，裡面是秦宮，漢殿，唐塋，王子皇孫的墓地，幾千幾萬頓的泥土覆蓋在上面，儼然是山，這些往日叱吒風雲的人物都安安靜靜的躺在那裡，主流的時光過去，即使秦皇，漢武，唐宗復活，沒有了往日吶喊的班底，死命跟隨的小卒，想要恢復往日雄風，有待斟酌呢！北京十三陵中的定陵，和他東西宮『愛人同志』的遺骸，已沒有往日皇帝皇后的尊嚴，暴露白骨供來來往人等嗤點呢！西安，咸陽，有誰再吟『長安不見使人愁』！阿房宮不留一物，畢竟事過境遷，明日黃花的世界了，陳子昂的『念天地之悠悠，獨滄然而涕下』。遊長安，遊咸陽，確然有點滄然淚下的一份醲郁情懷。

北京到了，地陪自稱是北京人，陳教授出十萬美元購他的頭，地陪摸摸自己的顱頂說，值得那麼多？大夥哈哈一笑。那是民國三十八年大陸撤守，北京人猿頭蓋骨不見了，美國政府懸償十萬美金尋找，至今下落不明，早於北京人的齒骨化石陸續出土，減輕了北京猿人頭蓋骨的珍貴價值，猶同明磚，漢瓦，秦俑已出，其身價自然下滑。

紫禁城不再威武，午門不再肅森，找不到一絲血紅誅戮痕跡，午門，原來是紫禁城最外一道門，那個大院落，所謂午門外，是專制王朝斬殺政治上的對手，仇家，或貪贓枉法官吏，不安本分的人終結所在。今日成千上萬遊客都從午門進入宮殿，午門外不見冤魂，想死者不願冤冤相報，早已投胎變牛變豬，污者自污去了！

皇宮佔地約十二萬坪（四甲多），有九千多房間，太和殿（即金鑾殿），中和殿，保和殿，是前部的主体，兩旁另有文華殿，武英殿，這些是明清政治中心所在；後部是皇帝處理日常事務和后妃們朝朝暮暮的地方，統稱爲內廷，包括乾清宮，皇極殿，坤寧宮，養心殿等。這樣的建築群，是當今世上保持最完整，規模最大的舊時皇帝活著時候活動場所，這裡非常安全，四周有十公尺高的圍牆，牆外有五十二公尺寬的護城河，河水至今仍然清澈，遍植垂柳，可以泛舟，可以談情，再也沒有人干擾你，攆你說：『喂，這是皇家禁地，快走！』往日後宮佳麗三千人不見了，花幾塊錢外匯券，你可盡情徜徉，想像從時光隧道中看到永樂帝以來后妃生活寂寞的一面。乾隆小道是乾隆皇帝偷情外出的小窄門。我想是導遊編出來的故事，爲了不走回頭路，從后側門偷偷溜出，叫我們也嘗嘗『放著三宮六院，有不得見者三十六年』那些怨女們的〈良田美池〉不耕，另覓野花的味道！出了小門，抬頭一看，那不就是煤山？『朕非亡國之君，諸臣乃誤國之臣。』崇禎帝上吊前恨語。其實並不十分公平，袁崇煥的誅滅，正是崇禎皇帝的不智。被推上了台面，收拾爛攤子，不懂統御的藝術，家破國亡，不算奇！後世子孫不明此理，亦將使更后來的子孫發出羞聲，時代的巨人要引以爲鑑啊！

四、頤和圓

頤和圓的長廊有幾百幅造形不同圖畫，都是出自名家手筆，每幅圖畫都有動聽的故事背景，大小龍舟滿載遊客在水面上消愁，石船果然像磐石一樣絲毫未動，但不能象徵四海永久晏如。慈禧行館前鹿鶴等四種獸禽依舊生動，只是諧音太平福祿不見了，慈禧老狐狸也不見了，瀛臺被囚的光緒皇帝呢？千千萬萬的遊人在找，在想，不曉該感謝慈禧當年挪用公款造石艦，修園子的是與不是！總之頤和園給了我們假日的好去處，可供憑弔，可以散心。長廊兩旁欄杆上，石階上，或坐或卧，紅女綠男，老少都有。雖然高牆依舊，多了一個自由進出口。孟夫子所謂『獨樂樂，與衆樂樂，孰樂？』當政的能行『不若與衆樂樂』的政治，值得鼓舞與稱許，如果玉泉山也能開放，不只供高幹養憩，將更符合民意。

五、長　城

遊八達嶺可以步行，可以纜車鳥瞰，或東，或西都有十分陡峭的坡，超過六十度，幸好有鐵欄杆扶手，否則，上長城也和登好漢坡，硬漢嶺一樣，要費一番手腳，這是世界第七大工程奇蹟，從前有人造謠說毛澤東因嚇魯雪夫拒絕歸還外興安嶺土地，引中國漢皇帝說『朕治長城以南』。以長城爲中俄國界，毛一氣之下把萬里長城給拆了。用來醜化毛澤東的無知，顢頇和意氣用事，破壞中國文物古蹟，殊不知反倒讚揚了毛的愛國，愛土，文宣工作者可不用心愼審編織故事！『萬里長城今猶在，不見當年秦始皇』。始皇帝只是總其成，燕，趙才是始作俑者。魔術大師大衛，曾在這兒大大的出了一陣風頭呢！在攝影機下，他是徒手穿牆透壁，從城北石牆裡進，城南牆中出來，堅實的長城，他是如何穿透的？

六、共產四十年

五大運動，三大改造，一切企業轉爲國營；雙百方針；百家爭鳴，百花齊放。言者無罪，聞者足戒，淸除了知識份子的思想，否定知識分子積極作用；三面紅旗─總路線，大躍進，人民公社。比起孔夫子治魯三月，路不拾遺，夜不閉戶更神話。多，快，好，省，建設社會主義總路線，十五年趕上英國浮誇政策，后果嚴重。接著又是十年的文革。台灣四十幾年的和平建設，均富政策，世人有目共睹，大陸四十幾年激進的口號，帶來一場接一場的災難，人民普遍只能溫飽。唉！飛過黃河上空，鳥瞰那扭七歪八的黃龍，那濃濁的河水，爲什么不把政治鬥爭─整人，用到黃河截彎取直上──整河？長江──另一條黃河，濁浪排空，水道亦扭七歪八，是否因爲一九五七年九月的大躍進，砍盡了長江上游，深山老林，萬年樹木，作爲土法煉鋼的『三昧眞火』，使水土流失，江水變黃？幾千年來多少王朝聖君賢相，不能使黃河水變淸，一定要待聖人出？新大禹沒有在中國誕生，我們還要等多久？原本澄淸的江水變濁，人謀不臧，這二條大動脈都脹紅了臉，象徵中華民族的怒吼，血脈都暴漲起來呢！誰去安撫她？愛好和平的中華子孫，核子戰爭，不容易佔到很多的便宜！

七、南京一瞥

在九千呎的高空，山川田園淸晰可見。故國神州可以肯定是：人人都有飯吃，看起來似乎安居樂業。社會結構因市場經濟資本主義致富的誘惑，似在與共產主義漸行漸遠，國營計劃經濟企業的式微可以預卜。

南京中山陵雖然沒有親自瞻仰到國父中山先生玻璃明器中的遺容，但國民政府時所豎立的碑坊牌樓：『民族，民權，民生』依然高高聳立在中山陵道路中央，『中國國民黨葬總理孫先生於此，』斗大的金字綠墨石碑沒有被紅衛兵敲碎，中華民國十八年六月一日字樣共產政權不以爲忌諱，倒也叫人覺得十分意外，地陪說抗日勝利，還都南京時，蔣介石先生也計劃將自己寢宮安排在此，只是上不敢與中山先生比高，下要超過明孝陵，聽說汪津衛也插上一脚，鋼筋水泥的地下城堡被爆破隊給折了。今天蔣家父子安厝在大溪，子孫又多遠離要路津，國民黨若不能繼續執政，蔣先生的願望恐怕要落空了。

南京大橋全長一千五百七十七公尺，果然天塹可以飛渡，蘇聯老大哥全面撤退后，舉世——尤其日本，以爲中國不能，——從設計到完成建造，都是不藉外力由中國人自個施工監造。橋完成后，世人又不看好這座溝通南北大動脈的實際功能，數十年后，橋完好如初，下層火車，上層汽車，江南江北因這座橋貫通輸運連成一体了，中國人的能耐，讓日本蘇俄的專家跌破眼鏡。上層橋頭兩旁引道，兵農工合一的大塑像，健美有力，氣派雄偉，泱泱大國之風的展示，其美術設計亦足以傲外人。她和武漢大橋一樣，讓國人撤除了江南江北的天然心界，而融爲一體了，交通果然是文明之母啊！

南京的玄武湖變成一潭臭水，不用多久，她將成爲南京之瘤，偌大的一個湖，不能用之養殖，灌溉，旅遊，觀光多功能……有人爲不善，愧對大自然賦予之憾！大陸火車比台灣的寬敞，同行吳友立老師說，四十年來車廂沒有改變，火車運輸業想要趕上世界水平，還有一段距離呢！

八、蘇州

蘇州虎邱斜塔建於北宋仁宗朝，近千年歷史，塔高四十七公尺，比意大利斜塔矮六公尺，但歷史比它長。蘇州有一座私人庭園，樓臺亭閣，堪稱雅緻聽說主人半生淸廉，偶然不愼，因貪瀆革職，回鄉經營此園自娛晚年，因稱『拙園』，寓拙於爲政的意思。因此蘇州人稱它爲拙政園。我覺得有辱參觀客，此園是一大貪污者的展示，佔地之大，經營之精，財力之雄，若非拙政，不遭革職，國庫豈不全入其私囊了。今日此園收歸國有，派專人管理，一切回歸國家，只是朝廷變了，收回的不是當年的朝廷了，冥冥中世事善惡不忒，只爭來早與來遲啊。（據怒潮師生回憶錄陳沅淵探搡齋詩註云：明嘉靖中御史王獻臣所營建。）

『姑蘇州城外寒山寺，夜半鐘聲到客船。』張繼的一首七絕『楓橋夜泊』傳誦千古，江楓，是否即爲今運河上江村橋和楓橋，一座落寒山寺正前，一在寒山寺西北角，不到二十公尺寬的運河上，江村漁火，大概即指江村橋與楓橋間停泊的漁船上的火把。小小運河，小小拱橋，髒髒的大溝而已！給后人留下詩情畫意，無限憧憬與愛戀，運河可通小船，兩橋建築模樣都不古，今人若以詩意命橋，參訪者即據此解詩意，就不免有釐毫之差了。這——還是留給行家去討論吧！寒山寺的鐘被日寇掠去，現有的模樣兒挺新，質料也好過從前，日本民間以補償心理送來的，大家耳食到這個鐘聲的時候，心頭是否另有一番滋味！

九、市　樹

大陸各大城市的市樹，粗看像楓葉，其實她叫法國桐，西安，北京，南京，蘇州，杭州，各大城市所栽植的相同，沒有自己地方特色，最近南京市有意改以松柏交配種爲市樹，她和台北的榕樹一樣終年長綠，不比法國桐一到冬天光禿禿的一片，失去生氣，春天毛毛蟲又多，蘇州也要改種樟樹取代法國桐，創造生意，擺脫統一模式，及被自然控制的世界。

十、兩岸人情不同

從蘇州坐火車，經上海外圍到杭州要四個多小時，火車道兩旁多栽水杉，據說是古生物新培育出來的品種，像柏樹，又像松，與雪松不同。大概取其易於生長，只是植得太密，再無生長發展空間，毛政府發動一人年植一樹，年年如此，但是種下去了就不問它的存活，也不認養，不曉可有百分之二十的生長率？火車一出上海就停下來，透過廣播徵求醫生，原來火車撞傷人了。大陸和台灣不同的是沒有人圍過來看熱鬧，當然也沒有人動手搶救，一個個站得遠遠的，列車長請他們出手扶持他們閃躲惟恐不及，好像一動手，麻煩就沒完沒了，生活的体認，不能太責怪他們缺乏同胞愛，他們一定從前有過類似的教訓。

十一、蘇杭小姐不在蘇杭

在蘇州，杭州玩了幾天，『上有天堂，下有蘇杭。』的諺語，覺得不眞實，蘇州沒有看到美女，杭州也沒看到美女，倒是我們的全陪洛陽姑娘壓倒了蘇杭，從桂林陪我們到西安，北京，從外貌的娟秀，肌膚雪白，窈窕淑女，到心地的善良，能歌能舞，落落大方，年輕貌美，修長體態，在在都屬上選。我問她爲何沒有天堂？她倒說得滿入情理的：市場經濟抬頭，美女們早被大城市挑走了，一流的到港澳發展，其他全國各大城市都有。年幼的來不及長大給你們欣賞，就算年幼長得有點模樣的也都早就被訂走了，全國各大城市飯店，酒樓，百貨業，長得標致一點的妞兒，不用問，一定是『蘇杭小姐。』

十二、杭州岳王衣冠塚

杭州可遊覽的地方頗多，太和塔，西子湖，花港觀魚，虎跑泉，岳王廟。跪在岳王圓塚前，用鐵欄杆圍住的四個與眞人般大小的鐵像，赤身露體，他們是秦檜，王氏，万俟卨及張俊。據說這是第二次鑄的。首倡鑄銅像的是李隆，明正德八年浙江都指揮，但鑄好不久就被遊人敲碎，好像替盡忠報國的岳飛出了一口怨氣；明萬曆中，按察副使范洙改以鐵鑄，加添張俊合爲四人。到乾隆時又被『正氣之士』敲壞了；熊學鵬做浙江巡撫時，縣官報請重鑄，熊不准。依熊學鵬的解釋是：岳飛忠義，自然升天；秦檜奸臣，自然沉淪，受苦阿鼻地獄。頑鐵無知，何必替奸逆受罪！所以不准。當晚熊做了一個夢，夢見四個鐵人前來叩謝，醒后覺得非常奇特，打擊奸逆，冥冥中似受到感應。於是命令縣官即刻重鑄。這就是今日圍在鐵欄杆內的四尊鐵像，仍有破壞痕跡。聽說民國時代來此一遊的客人，常飽秦檜以老拳，在四奸頭上塗屎澆尿，在人前發揮了人性至善的一面，其臭味十幾里路外都能聞到，可悲的『正義』行動，何昔日之芳草兮，今直爲此蕭艾！現在可好了，有專人管理，遊人除拍照外，不再做向籠子裡的獅虎咆哮的勇士，都能安分守己。好國民要有好公德心，引導正確，做起來好像不難呀！

岳飛，今人稱武穆，宋稗類鈔卷六說：宋贈封岳飛爲鄂王，謚忠武。今天下岳祠皆稱武穆，這是未定的謚號，當稱忠武爲宜。

查宋史載：孝宗時建廟於鄂，號忠武，淳熙六年，謚武穆，嘉定四年追封鄂王。韓世忠曾詰問秦檜『飛犯何罪？』秦檜答以：莫須有。韓世宗懂得時人口語，所以說：『莫須有』三字何以服天下？事見岳飛傳。翟灝通俗篇按：『莫須有』謂『即將無』。我倒以爲解作「可能有」比較近情，因爲秦檜回答原句是：飛子雲與張憲書雖不明，其事體莫須有。韓世忠才會逕說莫須有三字何以服天下。

岳飛謚武穆應是定論，先總統蔣中正公許爲武聖，與關雲長公同列，和孔子文聖並稱。三十九年的生命，不死於敵，卻死於自己長官宰輔和君王手上，他要恢復中原，迎接徽欽二帝回朝，不合倡和，及既得利益當時君相的心意，觀高宗皇帝待秦檜等四人的優渥待遇可知：秦檜做了十九年宰相，死時六十六歲，追封申王，謚忠獻。命繪圖像，並親書像贊。多次幸秦檜府第，閣扁親自寫『一德格天』賜檜，並親自參加宴會，賜百僚盛宴，建秦檜家廟，幸秦檜第問疾，封建康郡王，秦檜薨（宋史），追封申王，賜神道碑，額爲『決策元功，精忠全德。』並親臨奠祭。王氏，檜妻，秦檜死后尙准自稱—沖眞先生。爲一女流稱先生的第一人。万俟卨繼秦檜以后亦居相位，他號元忠，以金紫光祿大夫致仕，死時年七十五歲，謚忠靖。〔秦檜死後一年五個月万俟卨〕張俊，南宋四大將領之一，秦檜死前一年三個月薨（宋史用薨字）朝廷爲之輟視朝三日，高宗皇帝親臨祭奠哭泣，追封循王。

四姦得幸如此，再讀高宗本紀廿六年三月丙寅的告天下詔：講和之策，斷自朕志，秦檜但能贊朕而已，豈以其人存亡而渝定議耶？近者無知之輩，鼓倡浮言，以惑衆聽，至有僞撰詔命，召用舊臣，抗章公車，妄議邊事，朕甚駭之，自今有此，當重置典憲。高宗皇帝色厲內荏的樣子可以想見，他是個有〈擔當〉的皇帝。不怕死后千載臭名呀！宋史對高宗的贊：終制於姦檜，恬墮猥懦，坐失事機。岳飛父子竟死於大功垂成之秋，一時有志之士，爲之扼腕切齒。帝方偸安忍恥，匿怨忘親，卒不免於來世之誚，悲夫！胡詮說秦檜欲令臺諫從臣共分其謗耳。察高宗意卻要一肩承擔，其不畏史者之筆，剛愎自用，秦檜地下有知，感激涕零，又當感恩圖報了。

秦檜在宋寧宗開禧二年追奪王爵，改謚謬醜，隔一年史彌遠主政，又恢復了王爵，並加贈謚號。

主和是高宗本意，也是南宋政府既定國策，人臣的忠忱，只看你是否在扶持將相這〔國策〕，要是你具有遠大歷史使命感，如岳飛所作者是，對短視近利的高宗皇帝以及他沆瀣一氣的佞臣，打到黃龍府再和將士痛飲，說者語豪，聽者心驚，岳飛，高宗，秦檜，自然格格不入，有人因此評說岳飛是軍閥，站在常加人罪名的秦檜，無罪可狀時尚且要揑出一個罪名來，如謗訕，指斥，怨望，立黨沽名，無有君心，時人評此類罪狀爲「此老秦筆」也。那個評說岳飛爲軍閥的人，大可和秦檜比德。附和高宗，著眼在天下無不是的父母，君王也邪！而張俊誣岳飛舊將張憲謀反；万俟卨誣岳飛自言：我和太祖皇帝一樣三十建功名。爲指斥乘輿罪，果眞古今以莫須有入人於罪者異曲同工，以沫相濡，虖噓相應是一致的。

先總統蔣公封關岳爲武聖，兩聖皆喜愛春秋，只是雲長公未留下片紙隻字，敗走麥城，虎女焉配犬子，西蜀漢賊不兩立的大業斷送在一驕字，將驕必敗，婦豎皆知，況聖者乎！劉備，張飛成了陪葬的拜把兄弟，可憐蜀漢，可憐賢相諸葛公，然秉燭達旦讀春秋的佳話，留傳萬古；岳飛留下的牘奏詩文，字字是凜然大義春秋，且岳飛用兵，雖孫，吳再生亦不過如此，吳起一生與敵大戰七十二次，全勝六十四次，岳家軍則是全勝軍，虛名豈可浪得？飛被金牌召回，囚鞫三個多月，拉脅致死，姦臣万俟卨自毀大宋長城，岳飛的武聖，其當之無愧，因爲在敵人面前，他沒有失敗過。

青山有幸埋忠骨，
白鐵無辜鑄佞臣。

笑笑錄卷六說，蔡某人將兵器鎔爲秦檜夫婦像，跪在岳王廟前，「白鐵何辜」指將兵器鑄爲姦人像，遭人唾罵。好事者遂撰了一聯秦檜夫婦對罵的句子：

秦檜罵王氏：咳！僕本忠心，有賢妻何至若是！

王氏回罵秦：呸！妾雖長舌，非老賊不到今朝。

東窗事發，捉虎容易縱虎難，果眞王氏一言決定了常勝大將被摺倒？國家重鎭命賤如斯？沒有高宗批示，方面大員亦可使之含冤？小說家言，王氏替皇帝分擔了一大部分責任，跪年跪月，皇恩早已煙消雲散，以一女流或者眞個『莫須有』，偌大的擔子要她分擔殺岳飛的罪名，怎無怨言？對罵擬來傳神。文官不要錢，武人不惜死，則天下大平矣。是岳飛的名言，今岳飛廟中左右兩旁對聯，正依武穆意作的：

不愛錢，不惜命，乃太平根基，名將名言，貪婪長跽跪；

取束芻，取縷麻，定斬循軍律，保國保民，正氣壯湖山。

墓前的一聯寫得很眞切，亦足慰忠魂：

正邪自古同冰炭，

毀譽於今判僞眞。

蕙櫋雜記有這樣的一段記載，說岳飛廟裏有明朝華蓋殿太學士嚴嵩和滿江紅題詞，詞意慷慨，字也瘦勁，石刻宏壯，只是題者嚴嵩字樣被人磨去，改題夏言，現在似乎什麼都沒看到。

上面說過，四個鐵像有鐵欄杆罩住，遊人看到他們時還是牙癢癢的。我就曾親眼看到有人在万俟卨的頭上吐痰，隔著欄杆，脫下鞋子摑他們的頭臉。在情緒表達上，觀衆是一流的；在愛護景點，維護古蹟上，觀衆是衝動慚愧的。至少在毀損公物上是不道德。屈原嘆上官子蘭和靳尚從芳草變作蕭艾，今日正氣凜然，來日有了權柄難保不自我作賤，「久要不忘平生之言」有以幾個人懂得拿來實踐！脫鞋子摑鐵像正見其膚淺呀。

清。長洲人造出一段八股故事說：秦檜的孫子做湯陰縣長，政聲不錯，想要拜謁忠武廟，來到廟前，一再逡巡躊躇，不敢進去，後來還是鼓足勇氣，想自己平生做事，無愧神明，燒支香表示敬仰有什么關係，並立撰祭文祭忠武，誰知拜下去就起不來了，待扶出廟門，吐血數升而死。這類故事，無非說岳飛廟靈驗，岳飛忠魂不死，可知反而加重打擊岳飛，說他雖貴爲神明而器小，那是愛護武穆，表彰武聖呢！

宋大宗深明君子小人是同時存在的，猶芝蘭與荆棘不能根絕任一類，他說只看我們如何去辨別他。

宋高宗寵愛秦檜，爲他繪像，親自撰寫像贊，寫「一德格天」扁額送給秦檜，禁野史，曾惇表秦檜爲聖相，元聖，高宗都默認。秦檜死後，除親臨主祭外，頒賜神道碑（精忠全德）表彰秦檜。注意……精……忠……全……德。今天的大奸臣，當年可是精……忠，而且全……德呢！秦檜當初三請高宗深思和金政策，在秦檜，已看透高宗怯懦自私底蘊；在高宗，深知名位爲秦檜所愛，欲借其巧構排除異己，所以盡情寵絡，君臣於是狼狽爲奸，物以類聚，岳飛的冤死，不亦宜乎！是國家的不幸，善人一空，君子的不幸，生不逢時。岳飛無負國家歷史，高宗皇帝有負名將精忠岳飛。武聖，武聖，除仰天長嘯外，夫復何言，夫復何言！今天仍有人繼前〔羞〕之後評點岳飛爲軍閥，亦足見其認同秦檜，追縱謬醜而已！

另外杭州可記的頗多，雷牙茶已沒人知道，雖然杭州名茶仍然滿天下。虎跑泉的水號稱天下第一，可以生飲，含礦物質多，是天然礦泉水，表面張力強，以二角鎳幣置其上，幣不沉，水不溢，觀看的人無不嘖嘖稱奇而競相爭飲，後來遊者因探親回到廣東蕉嶺長潭鄉，偕諸弟保生、烈發、漢炎遊蕉嶺八景之一——長潭夜月，在勝地高臺庵……因幼時曾嘗其冰冷泉水，據說可以治百病，遂建議諸弟以鎳幣試置一大碗泉水上，亦不沉，吾於是知天下名泉不止杭州虎跑泉有，我家鄉蕉嶺長潭高臺庵亦有，也不只杭州，蕉嶺有，天下不必名山大川，只要是穿透山石的泉水，大概都有礦泉的成份，不信諸君可以一試您家附近的石泉水。當然條件是不受到污染。

十三、定點採購

大陸的地陪都是幹部，（即公務人員）他們的陞遷憑考績，靠帶團定點觀光採購的成績來評定等第。定點觀光也者，到國營企業單位採購去也！從前國營事業將物品標明價格，絕不議價，貨眞，價格貴些；今天國營的機構也和市場經濟一樣，可以討價還價，可以攔腰斬，對半再打八折，缺點是貨不眞，價不實，但兩相情願，全靠採購者的眼光和販賣者的利嘴，各人自求多福了。「我買了一對雞血紅玉鐲，開價四百，一百五十成交，此其例也」大陸的環境衛生一般說，城市比鄉村好，大城市比小城市好。旅遊時，如果你想方便，凡是叫價三毛的，大概衛生條件都還過得去，一毛二毛的可就不敢領教了。錦繡河山，故國神州，公建的鄉村茅廁，聽很多觀光客省親回來說，能彆住儘量彆住，有人像當年入伍當兵一樣，整整一星期有進沒出哩！如何提高衛生條件，食堂的碗筷杯盤的更新，「或使用保麗龍，紙杯，免洗餐具」減少蒼蠅蚊蟲，應是當務之急，要想發展觀光事業，先得提升自己的條件，不能只依恃我河山秀色去引誘來客啊！

十四、桃花源

湘西一帶出土匪，我們一行不怕死，偏往湘西走，從長沙出發，橫渡湘，資，沅，澧四江，往新開發的世界級公園景點張家界探勝去。車過常德，有個景點叫〈桃花源〉。依陶淵明桃花源記載：「武陵人，捕魚爲業，沿溪行，忘路之遠近，忽逢桃花林……。林盡得一山，山有小口，舍船從口入，見良田美池，男女衣著，悉如外人。」準此，他們遍地種植桃樹，春天花開，先給你一個錯覺，你已入桃花林了。只是〈沿溪行〉的溪太小了，也太陡了，水小無魚，溪陡峭不能行船，從小洞口入，那有良田美池？同遊者怨罵批評之聲四起，獃！避秦人那堪打擾，早已因共產黨築爲景點，避我們俗人去了，漁人黃道眞先生第二次找都迷了路，當代高人劉子驥隱士造訪也不接見，憑什么只花二元外匯劵就得接待我們？陶文眞是引人入勝，難怪東坡先生稱他爲天地間第一等人，淵明先生果知道景點所在，早已隨秦人避世去了，這麼美好的理想境界，那堪與俗人共呢！

十五、張家界

索溪峪——在地圖上都找不到的地方，這一帶正是湘省的西部，簡省的稱爲湘西。車從長沙出發，經益陽，常德，桃源，大庸，慈利，進入索溪峪。一群群勝過陽朔的「分裂山河」出現在你的眼前。「天工鬼斧」不足形容其奇特，「精雕細琢」也不算過分的描摩。桂林是造山運動造成的扭曲，另加雨水侵蝕，臏下挺硬的〔骨頭〕矗立在彎彎曲曲的造形世界裏，圓融穩定；這裏有三百六十九公里範圍的山，像生了病般剝落，像被極大的刀斧切割，垂直一刀切下去幾百公尺，剝落了一層又一層，切了一刀再一刀，還繼續的不斷修飾的小量崩頹，偌大的一個盆景，我們就在盆內遊，以正常眼光看，這裏都是「殘山賸水」，像人生了病，身上的肉一塊塊脫落，山已失去往日的豐滿；以藝術的眼光來看，是病態西子，人見人憐，姿態百出，惹人狂愛。遊人如織，當局還爲她在臨近的縣開闢了只爲觀光用的大庸機場呢。

這些被切割的山爲什么可愛？我在找答案，原來被切割的斷層上面長滿了綠，充滿了生機，人不能到達，神鳥可以代爲傳播種子，蒼松，銀杏，珙桐，水杉，讓一座座被切割的峰頂散放出生命力。這大盆景不是獃板的，有逢勃的活力，展露它的韌性。耐看，耐遊，也耐人尋思留連。風化殘存高聳的斷層盆栽，依形狀命名，甚麼神鞭，玉柱，天兵，點將，張良書箱，毛史反目，摘星迷魂，金鳳玉兔，二三百公尺高，一頭躲在雲霧裏，另一頭栽入深谷中，雄奇多變，挺拔秀麗，果眞集奇，險，秀，幽，野，巧，峻爲一體。這些正因爲不是以堅固的石塊作爲主體，樹木隨處可生，一片一片連同上面原生樹木一同褪去的土石，剝落了又再生，山崩了露出紅土，不久另一層綠又鋪上去了，所以樹木覆蓋率佔九十七％點幾。山下多爲原始次森林，據說瘴氣彌漫，人跡罕至，曾經有人坐吊籃下探，到一百六十公尺即不能忍受，幽暗中見老鼠大如小豬，在石壁上竄動。若遊人不愼跌落山谷，既人跡不至，救援無策，後果可知。

天子山：當地土家族出了一個傑出的英雄，蟠據這與索溪峪，張家界山水相依，交臂爲鄰，平均高度海拔都在一千公尺以上的山，向中央天子發出對抗的呼聲，因亦自稱爲天子，後來兵敗入天子山下面原始次森林中重整旗鼓，準備再戰，他所蟠據過的這座山就稱作天子山。至今過了好幾世紀，這個土家族的向王天子還在按兵不動，躲在次原始森林中不再露出頭臉來呢！遊人至此，不免向黑暗神秘的原始次森林多看幾眼，寄與同情的，好奇的，企圖發現一些旗號，或聽到一些鼓號！

寶峰湖這個天然潭水，據說就是當年湘西土匪司命部所在。湖深七十二公尺，盛夏水冰如凍，淸澈碧綠，然形勢險惡，水戰陸戰，易守難攻。所以自古來這塊土地不屬中央，中央政令也不能到達此地。我們親探龍潭，入虎穴，平安進出，該託兩岸互通的福賜。

湘西，地瘠民貧，說實在的，中央也不在乎這塊土地，因爲徵不到錢糧，過去天都不眷顧的破爛地物地貌，民性強悍，想要發財出頭天，除做綠林好漢，別無選擇，賀龍　共產黨十大元帥之一　正是湘西人。現在已成湘西大英雄，塑像紀念他呢。今天湘西一帶因群山剝褪朋落，「破爛的山河」，成爲世界自然遺產，成爲世人心愛的去處，成爲世界級的公園景點，與黃山齊名，勝過甲桂林的陽朔，當然也可以說景點三絕。這些像人造的大山水，大盆景，地質學家說，已花了好幾億年的時光去蝕鑄，要待高山再夷爲平地，群峰落盡，也就是說滄海再變爲桑田，還有好幾十億年哩！想天還是挺公平的，這些「病」了的河山，正屬青壯期呢，我們擔心像南天門－攔在路中央，百十公尺高的土石門，一旦風吹草動頹崩下來，不只在場的遊人將與這山「長相始終」，也將阻斷由聯合國斥資興建的唯一上下通路。既是屬青壯期，遊人儘可放心。其實愈險，愈奇，愈刺激，病懨懨的天剝群山使成殘缺美，世人愈一見鍾情，情迷意亂而著迷，觀光業也正方興未艾，世界各地的攝影家，畫家，四方慕名遊客，正一窩蜂的拜訪這「變了態」的山河，河山變了有人憐愛，歌詠，讚嘆，欣賞，不惜一切的去追求，我們人類群體心理呀！家花，野花，常態不敵變態，所謂「人心思變」，的確含有無窮盡的哲理在！

黃山，張家界是景點雙絕，索溪峪的黃龍洞比桂林蘆笛岩有過之而無不及，鐘乳石筍遍地，洞中長年溫度不超過攝氏十五度，黃龍洞洞中有河，水深十數公尺坐機器船遊，雖然上不見天，下不見地，亦一樂也，攀高爬下，但見無盡寶藏，經千百年洗禮，留下石精，啊，這些無價之寶，若無強大的政府與嚴格的法律保護，早被刁民盜採一空，今天我們大家都有福，子孫亦有福，共享如此壯大的地下勝景。我們該說謝謝！

十六、後記

廿幾天的旅程，我們不祇張大眼睛看我們的故國河山，人情風土，縱橫上下幾年的史蹟，放諸四海皆準的道德文化習俗，美哉中華，我們與她血脈臍帶相依偎，交織成今天共同的思維與情感。也用我們的雙腳踏遍安排行程的每一角落。本來能讓我們去的方就不多，（非關政治性的，乃金錢時間考量）我們選擇走路，而不願轎夫以低代價的請我們坐轎子，在張家界的天子山，光是上山，手腳並用攀爬了四五小時，同行的吳友立老師，近八旬高齡，陳敎授，也近七旬高壽，我嘛也是早過耳順之年的退休敎師，山是如此崎嶇陡峭，霧來時即使五六公尺近已人獸不分，說老當益壯嘛可不騙人，自勉自豪，自我鼓勵大有作用，憑一支以五角人民幣購得的小竹杖，行行重行行，在不時加油聲中，竹杖敲地篤篤聲，一步一腳印的，我們似都有一個共同的默契：這是我們的國土，這是我們的河山，此時不親更待何時？和我們同遊的青少年哥姐兒們紛紛棄杖改坐籐轎，任由轎夫抬上山又抬下山，放著健而美的雙腳不用，增加別人負擔，任由土家族的土著扛上斜度相當大的峻坡，萬一轎夫馬或失蹄，轎子翻落山谷，不管死傷，那些原本窮困的土家兒郎是無法理賠的。自己生命自己不掌握，只是偷懶，怕苦，大爺有兩個銅仔兒，上天全而生之的美意全擱一邊，可惜啊！司馬遷的千金之子坐不垂堂，百金之子不騎衡，正是怕一萬萬一啊！（不過據說這裏從未失事過）話又說回來，從另一角度看生存競爭，假如人人都像咱三老，拼老命自力更生，自力救濟的話，土家族那些小子們可就沒活可幹了，他們得天獨厚的享有上天所賜的資源，靠它賺點勞力佣金，養活家口，本是天經地義，不坐那簡單型，一張籐椅縛在二根杯口粗的長竹桿子上，名之曰轎子的，反倒不仁了呢！我們同遊者中，有一對老夫婦，目睹轎夫的辛苦，在議價之外，到達目的地後，傾囊以賞轎夫，說他們可憐，應該多予同情。可是這對老夫妻忘了自己還有行程需要打點，所以回到旅館後哀乞同行告貸濟急，經五六人勉強湊足數目，中一人建議：你有豐富的同情心固然高貴，救急不能救窮，純厚的風俗，因你濫賞而助長轎夫們的貪心，日後他們不夠安份，再以貪婪，刁民責備他們，想當初是誰助長的？再說救一家窮，何如普遍窮？給他們正當工作，正當收入，賺辛苦流汗錢，飯甜水甘，錢也可貴，撩起他們的劣根欲望，此地往後無寧日了。兩老接過貸款，並謝大伙指教。我們在桂林遊漓江，船老大說冷氣是要另外買的，正是極少數刁民之一例，往後我們在西安，北京，南京，長沙住三，四，五星級飯店，可就沒有人另外討冷氣錢什麼來的，希望我們台胞在深富同情心，同胞愛之餘，不要一時豪興，動了慈悲心而任意施舍，錯認我施我得福報，不曉反而破壞他們善良風俗，禍貽後來的遊人，兩邊皆輸，未得福反而惹了禍啊！

上下天子山，過十里畫廊，我們都是靠自己走，直走得腰酸，腿肚發抖，變硬，變直，不靈活，睡一晚，第二天早起，又恢復龍騰虎躍，總之廿幾天的旅遊，我覺得充實，愉快，生爲中國人，能親身在大江南北走一趟，雖然行色匆匆，走馬看花，我還是要肯定的大聲說，不虛此行。

卮言生死

九流十家，各有短長。史記司馬談論六家要旨時已有明確的指辨。我們若再子細追究一下，我們的先人，包括宗教家，哲學家，政治家，藝術家，他們悲天憫人的創造出一片屬於自己的天地，無非是要天下人入我『彀』中，來共榮其生，共樂其死。儘在處理這『生，死』二件事上打轉。生死確是人生兩件大事。『未知生，焉知死！』孔子應該是以生民立命擺在第一前提的哲人。莊子不哭妻子的亡故，反而鼓盆而歌；秦失弔老子的死，莊先生以：來（生），時也；去（死），順也。安時處順，古人叫做縣解。在齊物論裏有一則故事說：艾封人之女麗之姬。哭死哭活的不要下嫁晉人，但是等到已造成事實，樂得這小姑娘喜極而泣，自悔嫁來的過程中哭泣是愚蠢。莊子用這活潑的故事說明死者一定後悔其生這一場的『窩囊』，不如造成事實死去的快活。像莊子，是教人既不能『榮以生』，至少可以『樂以死』。他有點悲哀人生的福壽喜樂不可強求，如孔子願爲執鞭，孟子的趙孟能貴賤人，故轉而化解人們心頭鬱結！你看基督教的不欲死者家屬啕嚎大哭，反而要信徒們高唱讚美主，榮耀主，阿利路呀，他『或她，死者』已坐在你榮耀寶座的右邊了。基督是以宗教的力量勸世人快樂的處理『死』的態度。莊子是在『理』的立場要我們安時處順。『絕聖棄智』的希望一定永遠落空的，還想回到馬其頓，成吉思汗低文化水平統治高文化水準的城邦政治，結果只會造成文化水平的提陞，聖智者永遠在我們的上頭，就像蛆，在糞缸裏，有能力的蛆，再加上時機，它總爬得比同類高。『雖然它脫離了群衆與事實』站在『生』的立場，莊子是悲觀主義者，何如孔子的三不朽，讓人心甘情願的誓死如歸。蓋人人病沒世名不稱焉！病吾未免爲鄉人。孔孟的好名，正是激發人類樂生，要活嘛，就得轟轟烈烈的活下去，做個人上人。有個故事說：某人祈求菩薩賜他富貴，長壽，沒有災難，子孫賢孝，妻子多而貌美，家庭快樂幸福的來生。菩薩笑笑說：眞有這麼美好的人生，我也要下凡去了。本來人生就是苦樂相尋的。儒家的所謂五福：富，壽，康寧，攸好德，考終命。正是希望從理想邁入政治領域，帶給人類大家愉快活下去的保證。『桃花源』不遠，就擺在你眼前。淮南子原道篇裏說『萬物群生，潤於草木，父無喪子之憂，兄無哭弟之哀，童子不孤，婦人不孀，虹蜺不出，賊生不行』。懷這樣的德，所謂太上之道，是自生自滅的順乎自然的產物，是永遠帶給大家烏托邦的空想世界。佛家要了脫生死，進入無餘涅槃而滅度之，度到那　？度到阿彌陀佛極樂世界，有所謂『一缽千家飯，孤僧萬里遊。爲了生死事，乞化度春秋。』這種活著的時候，靠極大的喜樂悲願支持，因而產生極大的希望和鼓舞，爲了了脫生死，不要生，當然無所謂死，靠今生今世的修行，使一念不生，達到無修，無證，滿目榮枯，處處菩提的境界。這就是當前西方極樂世界。所以佛家對死亡並不恐懼。他們認作只是一種活動場所的轉變，你看過前生今世這本書嗎？佛家在二千多年前早就把生死看作虛幻不實，八大人覺經第二覺知：生死疲勞，從貪欲起。這種因多欲而造的業，使自己疲勞於來往生死二途，此即所謂輪迴。但就大體上說，佛教的慈悲，正是給大家帶來『共生』的快樂信息。套句時髦的話說，萬物都有生存權利。佛家的『無情生』做了『有情生』的糧食，我看張載張夫子的『民吾同胞，物吾與也。』的胸襟更大。但我不懂張載怎能活到五十八歲？物既跟我們同類，我們怎忍吃它，睡它，剁它，踐踏它，那有同類之情誼？這又和睒子菩薩『踩地怕地痛』一樣曲高，有異曲同工之妙。儒家要我們活得有意思，有朝氣，但我們不喜歡程頤勸哲宗皇帝的那種態度：過年春遊，哲宗皇帝一時興起，折了園中一枝柳條，程夫子便板著臉孔上奏說『方今萬物欣欣向榮，……』痛斥哲宗的不仁，在遊興頭上澆人家一頭冷水。我不知道程夫子吃不吃肉？吃不吃蔬菜？是不是『君子遠庖廚，不聞其聲』就可以大快頤朵，心安理得享受肉香，大餐美味！墨家陳義大高，非樂，兼愛，不是一般人都有的那種艱忍持續的非人性的貢獻，他是超人性，入神性的犧牲，苦了奶媽，肥了別人的兒子。法家又大糟塌人性的尊嚴，立桿可以見影，不作賤自己同胞，如何有飆出自己的機會？孟子說『善戰者服上刑。』兵家出發點正爲飆出自己啊！利小數人著眼，孟夫子所以大力鍼砭。沒有人不想知道自己未來的吉凶休咎，爲掀開這迷底，有人修道練內外丹功，求仙拜佛，或者更直截了當去問陰陽前知的『鄒衍』去了。農家的君民並耕，饔飧而治，孟子已斥爲不懂勞力，勞心的社會結構，食人，食於人是天下通義。我們雖然看不到農家立說的全貌，就聽亞聖一面之辭，也可以偏概全的說，農家是反對階級主義的先鋒。不過孟子的巨屨小屨同價，人豈爲之哉！這種論斷，亞聖不會想到廿世紀末，快變成天下的通義了呢！名家的邏輯，『輪不輾地。』『犬可以爲羊。』『雞三足。』『卵有毛。』『孤駒未嘗有母。』這是觀念的問題。莊子『是其所非，非其所是，因是因非，因非因是。』斷斷然千古有得說，莊子以聖人不由作結。淮南子說：『遽伯玉行年五十而知四十九年之非。』莊子之遽伯玉行年六十而六十化。孔子之問遽伯玉，使者答以『夫子欲寡過而未能。』我想這也是人生際遇觀念問題的轉變，梁啓超要以今日的我，非昨日的我，其態度是一致的。你也許有一天覺悟了，由儒入道，由道入法，入墨，入釋，又入儒，有何不可？漢君之『我漢家自有家法，本以霸王道雜之。』那是政治上處理的活用。處理人類生，死兩大難題，有軌跡可溯之既往，但不必泥於既往，三王原則活用，方法日新又新，猶之我們日常所用的桌子，不是圓，就是方的，但在今人稼具展示場上，我們見到的桌子組合，個別的是四不像，經過拼湊後，又是大圓，大方，這大圓大方是古已有之有的俗，但構成組合過程改變了，生民本質沒有變，要活得好，更好。然而處理這『榮以生』『樂以死』的問是上，還待我們繼續努力開拓，誰說二十世紀末是知識大爆炸時代，我看門還沒入呢！營營者衆生，披星載月，孜矻以求的，所爲何事？所爲何事啊！

我看宗教座談辯論

偶然在第四台看到由小郃先生主持的宗教座談節目，法師、牧師各展如簧蓮花妙舌：佛祖上帝齊飛，安定社會、滋潤人心是共色。其有更上一層的含義，卻被功能性的宗教原始結構色彩所掩蓋。我愛上帝耶穌，也愛佛祖如來。我們常說聖愚同體，終至聖益聖，愚益愚者：把人人可以為堯舜，人人可以成大佛的後天分別心給放棄了。

上帝創造了人、創造了世界。上帝也觀看祂所造的世界，凡有血氣的、在地上都敗壞了行為。（舊約第六章）於是上帝降禍給人類：雖歷經水火、風蝗、地震、瘟疫、雨雹、黑暗，人類不但不滅，沒有消滅，反而更蔓衍日孳。這種擋不住的蕃衍，上帝可也沒奈何了，只好和人類妥協訂約：不要說謊、不可邪淫等所謂十誡。別立殺人者死、賊盜者賠的法律；顯神通、要人民敬畏先知耶和華，守道德、安分守己。可是人類的墮落行為、仍然像江河日下。約翰福音第四章突然一轉為柔性的訴求：上帝愛世人，信祂得永生。馬太福音第六章：愛你的仇敵，爲他祝福禱告。我們中國古代的哲人莊子說過：知其莫可奈而安之若素，其爲聖人乎？耶和華知人類的貪婪莫可抑止，故改用愛，另一種方法籠絡人心。世風可因神的愛變得醇樸？酒色名食睡五欲、貪瞋癡慢疑五毒照樣充斥。宗教戰爭、何嘗愛你的敵人？但不可否認的，耶和華安之若素了，所以祂是聖者。舊約申命記：上帝賜你們福分、隨心所欲、宰牲喫肉……。出門上山打獵的、下海捕鯨、捕殺狗的、可以向上帝禱告，上帝必賜福給你，甌窶滿車、汙邪滿船的回航。上帝允許獵者隨心所欲。非常具有人性的愛與人情味。因爲上帝降生爲人，耶和華說了人話、勞動者流汗必得豐滿。耶穌代表神的話正符合了永無厭足、狂奔猛瀉的人心，洪水猛獸般的去滿足他們的慾壑，弱肉強食，不只同生、亦及異類，世界那有寧日？博愛似乎只愛人類，似乎只愛信主得救的人，更肯切的說，博愛也者只對信我同一教會的兄弟姊妹，其他人等都得聽候審判！耶穌既釘死在十字架上，當然他是人；七日祂又復活了，敢情祂又是神了。神所親炙的教條，能隨時代人心的詭譎幻變昇華，去框框當時人、也框框後來的今人？二千年來、由全身奉獻的神父、第一流的智者設計、政治上的方便，教會的力量獨霸宇內，人才錢財充足，得救的人愈來愈多，富麗堂皇的教堂林立，完美人格、學富六車的傳道士比比皆是。（中國古人學富五車，傳道士多一車是外文）光在外表上就已使原本異教徒的世人、漸行漸近，以作上帝子民、同聲阿門爲榮了，何況有時還能受惠不只一點呢！靠主吃飯的人於是愈來愈多，主的力量也的確對世人帶來無限的憧憬和希望而愈來愈大。雖然，仍難免有：像在牛津、劍橋敎數理的敎士，院士，金屋藏嬌；（見陳之藩散文）美國紐奧良愛心之家的布魯斯．瑞特神父與神男凱特，這位曾接受雷根總統表揚的大善人，卻是一個糟塌愛心之名的淫棍；（見中國時報七十九、四、二十九）領導信徒集體自殺的大衛敎派。那裏出了問題？是人性中酒色名食睡多了一丁點，五欲焚心，壓不下去？還是以爲人不知、神亦不覺，凡事錢可擺平、自我意識擴張下，攬了自認爲兩相情悅的事，得意的盡情發洩？也難怪甘地傳的作者會這樣誹謗牧師，他說：世界上只有一種人最不相信神，因爲他禱告了一輩子，既沒見到神、又沒聽到上帝的聲音。作者更惡毒的說：世界上最叛經離道的是神父和牧師。我覺得不公平。人類最偉大的情操，就是對聖潔名譽的崇拜。天主敎的禁欲、好像違反了人性，所以馬丁要改革，再經若干年後基督敎的牧師可以結婚了，有妻子可以敦倫，侵犯他人的事件自然可以減少。這和日本和尚可以結婚是一樣的。日本人稱和尚的太太叫師娘、叫梵嫂、叫火居道士。這裏我們要說的是路得將神職人員降爲你我一樣的凡夫，既通人性、又通神性，過婚姻生活，享天倫之樂，將無限聖潔崇高的理念平凡下來，落實在作人要守神的規範上，似乎效果不錯。可是人性呀！既得隴，必望蜀。有妻有子後、人性會多一點，神性會少一點，世俗的斂財、獨愛妻子、博妻女一笑的烽火衝動，天下有幾個人例外？這難免和神的〈博愛〉有時會背道而馳的。這樣看來，娶妻子的日本和尚及路得名下的教會基督長老、牧師們，既鍾妻子、又愛主內弟兄姊妹，在兩者不可得兼的時候、煩惱！在情操上就輸給全程奉獻的神父與和尚了，沒有他們快活、無牽無罣侍候佛祖如來，主上帝，蒙受祂的恩典和加被。神父們在執行上帝的意旨，地位崇高，是上帝子民的精神領袖和父師。他們以才藝著稱、是道德的典型、若偶然不慎，震憾可知！中國舊小說上有採花和尚、酒肉和尚。在台灣、我們所聽到、看到、接觸到的，都是嚴守戒律的高僧活佛。天主教神父們的博學，包括文、理、工、醫、藝術……及崇高的聖靈，可以從中找到精神的住寄。佛教的僧侶大德，有所謂『無住生心』大圓鏡智，來自不須造作的『斷欲去愛』；使五蘊皆空；使一念不生；前念後念及今念、念念不被邪見染。此心即佛，此心是佛。我和佛合而為一了。有句更明白的話說：『佛是覺悟了的人、人是未覺悟的佛。』這在天主教基督教裏是褻瀆聖靈了的。路得的不拜偶像，佛教的金剛經裡早就明載了：凡所有相皆是虛妄。又說『若以色見我、以音聲求我、是人行邪道、不能見如來。』不只破相，亦且破法。金經結尾第三十二章：『一切有為法、如夢幻泡影。如露亦如電，應作如是觀。』佛子的斷淫思想，正是脩一切善法的根本所在。而七不淨觀，九種死後觀想，是撫平色慾淫念到彼岸的波羅蜜智慧起點。五戒，八戒，到僧侶的二五〇戒，由凡入聖、到達無念、無住、無脩、無證的道果。佛教的脩行者不能破戒，也不會破戒，更不願破戒。同理天主教的神父及信徒也有崇高的理想，禁婚守身，其所以較接近上帝的幾率或可高於路得教派的長老、牧師在此。

『神愛世人』。神似乎入了世，來到世上，爲世人籌謀，說世人話。有愛，難免就有私心。上帝邀信主的人圍繞在祂的四週，允信主的的人得救，不信的人要受到審判。這種愛恨分明，分別心及佔有欲的強大，『愛屋及烏』，只愛特定對象，與上帝博愛之名似有點距離。聖經申命記二十三章說：『外腎受傷，被閹割，私生子、甚至他的子孫十代都不可入耶和華的會。』衆生平等，冤親平等，狗有佛性，十惡不赦的人，只要放下屠刀、都可立地成佛。狗有佛性是常不輕菩薩、妙善禪師、金山活佛說的。睒子禪師的踩地地會痛，鳥巢禪師在出定後、發現懷中有鳥在孵蛋，於是再入定、好讓小鳥繼續孵化。這類同體大悲的故事，多不勝書。可是淨空法師說：鬼門關前僧道多。法師的意思是菩提路是寂寞的。只有堅定地爲一切善法，發阿耨多羅三藐三菩提心，自然可以了脫生死大事，自然不另造業，必得自度度人，何必麻煩阿彌陀佛，耶和華來接引你到西方極樂世界，入無餘涅盤而滅度？安坐上帝右邊、榮耀主，榮耀世尊佛？你也能榮耀你自己，因爲你就是主宰，你就是上帝，你就是阿鞞跋致佛，甚至成爲一生補處——未來佛。

教會本來沒有高下優劣，因果可是自作自受。教義也沒有高下，脩行者本身自有高下。

所謂大脩大得、小脩小得、不脩不得是呀！宗教本身如海水，廣大無邊，不淡化不能飲。除非你能下海、與海合而爲一；你吸收了海、海也吸收了你；海中有你、你中有海。否則，飲慣淡水的你我衆生凡夫，淺嚐即止，還是讓他佛祖上帝繼續齊飛，安定社會、滋潤人心是共色吧！

折衷古代試婚之議

讀黎凱旋、季旭昇、傅隸樸老師，周代試婚制度之後，也想湊熱鬧抒發一點區區之見。

第一、人類歷史綿邈，史前期必長過有文字記載期，其長即以北京人五十萬年爲人類之始計，那些號稱四大文明古國者也不過四、五千年。就以我國甲文算可表情達意言，出自殷商中葉起數，亦不過三千年，以五十萬比三千，約一七〇：一，其不成比例也略見一斑。在此四十九萬三、五千年中，人類與百獸同，獨佔、雜交，迨與虎豹犀象，猿猴豺狼相去不遠，在這四十九萬年人獸不分的世界，只在爭生存搏鬥中渡過。其後食之改善用火，天體之需蔽體，住或架木，或營窟：行之用舟車，而獨佔之本性依然。有人想平衡社會，試圖創造出一理性世界，免弱肉強食。這期間、試婚、想比搶奪、獨佔要文明多了，周公制體作樂，文明進化趨於定向，人類行爲有了一規範。周公之所以要制禮作樂，固然表示異於前朝，然亦表示其前朝自有其禮樂，故孔子云「殷因於夏禮，所損益可知也，周因於殷禮，所損益可知也，其或繼周者，雖百世可知也。」有歷史可徵，故百世可知，若夫文獻不足，夏殷之禮，孔子亦不能言之矣，是以周公制禮必有所本，目前夏商之禮數不詳，然可想像得到試婚必比搶與獨佔要文明得多，且在友誼情況下進行，爲何不可作文明進化之階梯，其後孔子删定六經，尙書裏的「百姓不親，五品不遜。」五品即五常，觀孔子在論語中強調君君臣臣，綱常的重要從而可見，準是而筆削六經，在倫理綱常的大前提下，仍容許試婚制度之文字設教？各先生想從經書中找悖禮的試婚制，直是緣木求魚啊！那是經過孔子過濾，淨化之教本啊！

第二、周易一書，朱熹云「大抵皆是因卜筮以敎，逐爻開示吉凶，將天下許多道理包藏在其中。」又云「易當初只是爲卜筮而作、文言、彖傳卻是推說作義理上去，觀乾坤二卦便可見，孔子曰『聖人設卦觀象，繫辭焉而明吉凶。』不是卜筮，如何明吉凶？」（見朱子語類）黎先生一口咬定易非占卜之書，豈其然乎？也許黎先生要朱子復生，約他在電視上公開辯論高下，一如當年蘇氏東坡欲起孟子而與之辯同。又易經確然含有許多道理在，含有數字、科學、機率、抽樣統計，這只證明易之作者，其學識橫放五大洲七大洋，縱及上下數萬年至無窮極，即孔子亦祇識其一端焉，（姑以十翼作於孔子論）致使未曾啓顏回以資訊，子路以太空火箭之學，子貢以商學，卜商以可得諾貝爾之文學獎金。黎先生不只譏孔子矣，亦且斥聖人之後二千四百六十年來，我中華歷代子孫太不肖，有易經啓示，仍然甚麼都落後洋鬼子一大截，易書！易書，爾眞是一本奇書，或許是外星人特賜我炎黃子孫智慧之鑰吧！只是遲至二千四百年後才獲黎先生之啓蒙，開竅，黎先生借重外國現有最新學理，印證易經無所不包，我中華民族可眞辜負了外星人的垂青啊！

第三、歸妹以須，反歸以娣。是歸妹娣的六三爻辭，我有拙見，雖嫌無本，然大旨順。「須」字之解，自王弼以下其解說可約而爲五：⑴待也。⑵需也。⑶賤妾、賤女也。⑷古人以婢僕爲賤行之人。⑸與嬃同。妹之姊也。我以爲須即古鬚字。鬚眉、丈夫之謂也。女子有丈夫行，叫做不讓鬚眉。」因六三不當位，喻反歸爲娣，暫時伏屈也，終必伸展鬚眉之志也。如顏聖母徵在，林漢仕易經傳傳作者之母賴太夫人上露下昭，胡適先生母親皆是。故孔子爲素王，林漢仕將獨立完成易經集傳評詁工作，胡氏爲白話文學一代導師，皆母氏聖善之德也。

繫辭云：仁者見之謂之仁，知者見之謂之智。古事代隔世移，成書如漢書藝文志所載書目，百不存一，況上古未有文字之世界耶！即周之初期、中期、文獻亦不足，安能妄言欺世，強不足之文獻，準刪削後之經辭，找詖淫邪遁不合五倫理數的故事。智耶？不智耶？不智也！

我讀錢賓四先生論語

錢穆先生晚年的著作『孔子與論語』一書，開宗明義的說『論語應該是一部中國人、人人必讀的書，不僅中國，將來此書、應成爲一部世界人類人人必讀的書。』一點也不假，是書能在中國流傳二千年、歷萬劫而彌新，暴政焚不絕、極權打不倒、異族輕視仍不失其分量、語體文興起依然光芒萬丈，眞是一部千鎚百鍊、經得起時間、空間考驗、有益於人類『心理建設』、適合不同階層、不同年齡、不同身分的人、甚至不同種族、不同宗教信仰、人人必修的寶典、一部萬古常新的書呀！

有人喜愛新潮，熱衷新奇，刺激。舊的就是不進步，落伍的。所以祖父在父親眼中是過時了、父親在兒子眼中有了代溝、嘴上不能說瑪丹那，麥可傑克遜，就是新時代的『文盲』、在字紙簍裏找生活的浪人！自命爲走在時代的尖端，迎合新潮流的時代主人，嘴上不刁根香煙不夠氣派；不喝杯烈酒、不玩玩俏女人、不打打P生麻將，人生缺乏意義，生不如死，與行屍走肉何異？以否定老年人的成就爲榮；詆毀他人的人格爲樂。這種人都應該是我們大家的罪人。雖然國法沒有制裁他們、道德的力量沒有影響他們、大家的孜孜矻矻、勤奮用功沒有覺醒他們。但我有充分的理由相信、社會上絕大多數的人是淸醒的。這絕大多數的人未必人人都讀過論語。然而所表現的、正是有子說的：『雖曰未學、吾必謂之學矣。』的境界。如果能夠更一步磨礪、以日常不知而行的表現、進一步和朋友、子弟談此中『常道』，豈不更美？更好？影響社會、國家、豈不更大。劉向說苑有一則故事說：子路不肯學習，自恃勇敢、天生才質又好、不必拜什麼師、求什么學、什么後天人工琢磨！孔子倒希望他精益求精，好中更好，如南山箭竹、箭頭加金、箭尾裝羽毛、射得不更遠、更深？來勉厲子路。子路服了、所以成爲十二大賢。獨善不如兼善，廣大善良的群衆原本守法，儻能加讀論語如錢穆先生提示：大家讀論語、大家都成聖人之徒，社會會澈底變樣子的。讀了論語、使自己明白生就爲善的行爲找到了理論的依據；進而影響周遭的人。社會壞的風氣往那裏生根？往那裏去找立足點？

不幸的是：這部適合各階層的讀物-它給靑少年朋友儲藏智慧，薰陶品格、變化氣質、作爲日後舉手投足的準繩；給中年人經驗的印證，處理事務的參考、人情事故的歷練反射；老年人一生行事的檢討與回味、進而由衷的感佩聖人先得我心。身分不同，感喟各異。得志、不得志；在鄉、在朝，味其濃淡、莫不有得的一部人類活動指針：它不爲同胞重視！茲抱著眞知者不言、言者未必眞知的態度，將個人讀論語有感的地方，聊舉數章以爲發皇：

子曰：溫故而知新，可以爲師矣。（爲政）

這章書的意譯是：『能一面尋思前日所學的經典故事、一面吸收新時代的知識，貫通古今大義、斟酌運作，才有資格做人的老師。』〔這是說知識傳授的經師，至若人師嘛，還需要些條件。〕日知其所無月毋忘其所能、是孔老夫子開出做老師的要件之一——要勤勞，上天入地找資料。是要老師們不固步自封。很慚愧的，我們做老師的今天有多少人可免除這固陋？我們在講解這章書的時候，內心可有、沒有歉疚？固然我們不必要求老師們都能做到像孟子說的：殀壽不貳的修養；吾何畏彼哉的英武；善與人同的胸襟；不恥不若人、何若人有的潔己惕勵的精神。但那等而下之的譬如說攬小集團，小勢力，鞏固自己地位，期以獨霸獨尊，不背叛師門只是達到其個人不求進步、不敢發掘眞理的懶惰目的那就可怕了。不准背師門可美其名說：有人清算父師、我們保存天、地、君、親、師的傳統，有何不可，名正言順。韓愈說的是故弟子不必不如師。今日如果有同學三發問、做老師的臉不紅、膽不顫的，那是好老師；不勃然而怒、掀案而起、作自衛反應的、那是有準備的老師。中學照本宣科那也罷了，大學以培養基本能力爲主的道場，也照本宣科，或者樹立門牆，囿於師說而不敢旁鶩，我們就不禁要喟然長嘆三聲：孔子孔子，多少人借你的聖名，用遂個人固陋！我無意鼓勵背叛師門，鬥爭老師，而是希望爲眞理種下一點生機，希望君子群而不黨。和同學共同發掘眞理，猶之今日醫學、太空科學、工程學，應用上不斷推陳出新，否定前人而不覺忤逆。這才可叫做『肝膽相照』、『有志一同』。這才可叫做『光大師傳』、『弘揚師道』。意大利有折筆的畫師，慚愧一枝畫筆不如學生靈活，從此改行。心狹如斯、長留笑柄。如果他生在中國，可叫他一生逍遙自在、永享尊名。這或者就是中國一代不如一代的癥結所在吧！所以，我希望同學有如飢如渴的欲望去尋求知識生活的滿足，老師有接受滿足同學的器度與學養。同學對求知產生了飢渴，則必多方面利用課餘時間，作有意義的活動，不必再慨嘆〈失落的一代〉了；老師有了學生的『啓予』，追根問柢。一本講義還能用上十年、廿年？不讀書、不求進步，如何〈餵飽〉同學？這才能叫做『學學半』，叫做『教學相長』。孔子虛心接受了卜商的啓，今日我們做了老師，能不虛心接受同學的〈啓〉？當我們在口沫橫飛、訓解〈溫故〉是甚麼，〈知新〉是是甚麼的時候，可曾先打動自己的「芳心」？如果自己的心都無法打動、自己的心是鐵石鑄造的，那麼，孔子的心聲，首先是在『對牛彈琴』了。孟子的『自勝曰強』，老師都無法自勝，如何能使學生心領神會？猶之牧師與道士、自己先不信上帝與鬼神，叫人如何去信上帝與鬼神？好多年前，我們清華大學數學研究所傳出一則佳話：第一天上課、教授緊張、吃驚的先向學生之一的行禮、問老師好，攪明白了、才知道：當年高中的學生、今天是教授，當年高中老師、自覺學猶不足考上研究所，做了當年學生的學生。心甘情願的彼此叫老師的溫心場面。

這類故事我再舉二個：其一三國志管輅別傳說：管輅的老師郭恩，是一個上通天文、易數、和春秋經的學者。可是管輅師事郭恩只那麼短短的一年，天文、易數學反而超越老師太多，反過來向管輅問天文、與易數，而心悅誠服的師事管輅。這種亂了倫常的舉動，不可思義。沒有求知的欲望與恢弘的器度，如何建立起學術的尊嚴？其二佛教界裏也有師爲徒、徒爲師的故事。神贊禪師遊學回來，住持師父仍叫他幫忙廟裏的雜事、甚至幫自己洗澡時擦背去污垢。神贊邊擦邊說謁說：好個佛堂，而佛不聖。又說：佛雖不聖，且能放光。本師未悟。過幾天，師父在窗下看經，一隻蜜蜂跌跌撞撞的想飛出去，神贊又說謁：空門不肯出，投窗也太癡。百年鑽故紙、何日出頭時？口中在罵：世界如許廣闊不肯出，鑽他故紙驢年去！表面上是罵蜜蜂，本師當然也聽得出這絃外之音，於是問徒兒這些年在外行腳，可遇到些高人？神贊說：徒兒叩別師父，在百丈和尚下歇足，因念師父年老，今特回來想報慈德啊。本師立刻請神贊升座說法，神贊唱百丈門風：靈光獨耀、體露眞常，心性無染、即如如佛。本師聽到立悟。並說何期垂老，得聞極則事！遂將寺務交給神贊，反禮神贊爲師。上二則故事，看得破、何等洒脫。看不破、以爲身分、地位、名譽，面子拉不下來，也只好故紙驢年去了，豁然貫通，百年不再來啊！歷史上馬融追殺鄭玄的記載，眞叫儒者自命爲老師的人臉上無光。是故弟子不必不如師，吾愛吾師、吾更愛眞理。不背叛師門，甚至不背叛昨日的我，早年的自己，你就沒有脫胎換骨的機會。陳之藩說羅素與服爾泰的變，是以惻隱之心，是非之心爲依歸的。見山是山，見山不是山，見山又是山。是融合了多少的放任與無奈。從平庸、轉變到心物合一了。幡動？風動？還是心動？不經一番寒澈骨，你就是跨不出那門的奴才！師恩浩瀚，少一次挑戰，少一次成功。要一代強如一代一隆，要噴射出燦爛的雷射五彩烈焰，不磨擦是不行的。教育子弟看重師承，不背叛師門，是不道德的教育手段。是要讓子弟頭腦〈康固力〉止於老師的境界。口口聲聲薪火相傳，熠火而已！激蕩不出萬丈光芒來的。老師教學生目的在使學生減少錯誤，學生要不以此爲足，要緊的是能改正錯誤。傳統固然可貴，改正創造新的理論邏輯更可貴，這大概就叫作文明。做老師的能溫故知新，就握有一把開智慧寶庫的萬能鑰匙，你願意將這把鑰匙下傳吧？

其二　子罕言利與命與仁。〈子罕〉

爲甚麼老夫子『罕』言利？不是說『因民之所利而利之。』『利之而不庸；周於利者，凶年不能殺；利其祿必救其患；利者義之和也。』嗎？今日不管民主共產，凡有選舉，無不大張〈利〉的大纛，競相標榜如何利民以搏取選票。利你，利我，利臣民大衆，利天下有甚麼不好？孟夫子見梁惠王，王問何以利吾國？即大加撻伐！似乎亂臣賊子，臣弑君、子弑父，因利一字而倫常大亂，綱紀盡失。鄭子產剛執政，民間流行『孰殺子產、吾其與之』的恨歌；是子產不利於我呀！三年後，百姓安樂、子弟孝順，民歌又起『子產而死、誰其嗣之』一付惶恐失依的樣子，是子產利我呀。管仲的衣食足然後知榮辱，和孔子因民之所利而利之。孟子之易其田疇，薄其稅斂，民可使富也。大方向是相同的，那是政策。因此王充論衡將利字一分爲二，說有貨財之利與安吉之利二種。即所謂公利與私利。普遍的衣不蔽體，三餐不繼，就百姓言，那是私利不到我，我無貨財之利也，故貧窮。要他們講究禮義是奢侈過分的。就政府層面言，你未曾發政施仁，你個人獨樂樂而不及與衆樂樂，那是公利未下，安吉之利沉睡未醒呀！所以公利私利也者，一體兩面的事。宋牼預備說秦楚之王搆兵的不利，孟子就扳起面孔斥他舍棄仁義懷一利字相交接，國家焉有不亡的道理。而孟子本身說那王者之民，利之而不庸的時候，可就正經八百，名正言順了！爲甚麼？因民之所利而利之，那是政策面著眼；利之而不庸、那是功效面說的。給人民豐衣足食在上者不居功呀。子罕言利，在論語中說到〈利〉字的只數見，如：知者利仁；見利思義；無見小利；見小利則大事不成；小人喻於利；放於利而行多怨；及因民之所利而利之。罕言非不言，孔子在有文化智識層面與沒文化智識層面造了許多框框，各人依自己尺寸大小去框框自己，教育自己，當你孳孳爲利時、不忘你是君子，你會收斂許多，防止墮落、自貶價値。孟子更進一步發揮罕言利、是怕上下交征利，怕君臣父子兄弟間終棄仁義、懷利相交接。王充、陳大齊等人不懂亞聖辟利的用心，說孟子逞辯才、失對上之旨，續修四庫全書提要三也以孟子答非所問論斷。就詞性分，利可用作名詞、動詞、形容詞及副詞。而人性的欲利、古今四海無別。統治者就以利你作爲統治工具。老子說天下熙攘皆爲利而來往。孔子罕言利、孟子幫聖人正名，說亦有仁義而已矣。其後子思書遂載有子思答孟軻問：仁義固所以利之也。點金成鐵了啊！然亦見作者之苦心。孟子之同名異義失對的說法，宜乎哉？不宜呀。在這個大原則下、經過包裝的一世之利、甚至萬世之利，而不以〈利〉標榜，正是不要以利欲薰心、撩起人們劣等的欲望呀！夫如是詞性問答相對與否、似可擱到一旁去了。與命與仁。與註家多謂言語許之也。蓋孔子許人命中有時終須有、命中無時莫苦求。要安於精微難言的壽夭窮通天所注定的命運。所謂死生有命；嘆冉伯牛之得惡疾爲命矣夫！顏回的不幸短死矣的命。前賢所持的理由之一是論語中言利的只數見，說命與仁的大多了。我覺得利命仁都是孔子罕言。爲甚麼？搔動了人類貪婪利欲的心，必興害義傷人的志；只講命中註定、人生何必三更燈火五更雞、夙興夜昧、孳孳爲善呢？舜何人也，予何人也是白說了！這個與命與仁的與字該不是連詞。再說孔子許了幾個賢者到達仁的境界？殷有三仁焉；管仲之如其仁；雍也仁而不佞；顏回其心三月不違仁。果眞罕言呢！雖然、我還是覺得前賢說得不夠好。仁爲孔子學說重心：當仁不讓於師；志士仁人有殺身以成仁；仁者不憂；仁者必有勇；剛毅木訥近仁；克己復禮爲仁；天下歸仁焉；君子無終食之間違仁；仁者先難而後獲；我未見好仁者、惡不仁者。上百條哩！孔子謙稱若聖與仁、則吾豈敢。抑爲之不厭，誨人不倦則可謂云爾已矣。仁爲其學說中心，怎會罕言呢？原來個中蹊蹺未必爲前賢一個個識得透。罕言利，那是正名問題；罕言命，因爲那是天命。不是說天命靡常嗎，不是說永言配命嗎，孟子說聖人之於天道也，命也。有性焉，君子不謂命也。原來孔子的〈罕言命〉是天命。孔子自謂五十而知天命。朱子註天命即天道。知事物道理的所以然。譬如說魯哀公取同姓吳國小姐爲妻，孔子能斥他破壞祖先禮法張揚君的過失？只好和同學們打哈哈說丘也幸、苟有過、人必知之。爲君遮羞啊！再說靡常的天命，孔子毋須再從預言些甚麼以增加他本高本大的身分。聖與仁。夫子天也。是公西華和子貢公開讚揚孔子的。孔子自言不知命、無以爲君子。這個命正是天命、天所賦的正理。孔子說道之將行也與命也道之將廢也與命也公伯寮其如命何！注意：與命是詞，與不是連詞，與命即歸命。歸於天命、天道。一方面是莫可奈何，一方面也是事實。猶之〈天之將喪斯文也，後起者不得斯文也。〉同理。上句意思是：道之將行呀、歸于天命；道之將廢呀、歸于天命。天要道大行、沒人可抵擋；天要道喪廢、也沒有人可拯救。是天道本身當興廢，不關公伯寮的譖愬子路。朱子語錄將命分作理、氣。天賦與人的是理，壽夭窮通是氣。理精微、氣不可廢人事、故夫子罕言。朱子又說仁之理至大，數言不惟躐等、亦使人玩忽。是朱子也讚成子罕言者利與命與仁。其實仁字應該從造字上來解釋，仁從二人。世界的中心從我出發，我和父親構成二人、和妻、子、兄、弟也是構成二人。我們儒家把他叫作親親；我和星雲大師是徒師二人，和克靈頓也構成二人、和非洲曼德拉也構成二人、在情感的交流上、對家人、鄉親、國人、外國人、應該有親疏等第。這就是以你為中心發展出來你個人的小世界、然後用儒家的規劃、對這周遭人事作合理的接待。所以仁字，從二人、一個是我自己、一個是我接觸的人。倘能以愛自己的心、依親疏等差次第去應對接待我所接觸的人，這在我來說就是合乎仁。孔子的己欲立而立人。己所不欲、勿施於人。和剛毅木訥近仁，克己復禮為仁一樣只是講原則。你看整本論語、不管問仁、或者敘述仁及其為仁狀態說得多麼肯定，但它只是〈仁〉字的廣大義涵之一。不能以偏概全呀！猶之我們說〈心〉，孟子說收其放心。王維說安禪制毒龍。佛家說發菩提心。心有千千萬呢！念念不被邪見染。一念不生全體現。都是心的一種。至若貪心瞋心癡心，愛心欲心，妄心眞心假心。不也是心的一種狀態。何嘗不是心呢？虎狼仁也。韓非子說的。也是仁的狀態。虎毒不吃子，大飢荒時人類有易子而食的忍人呢！這是變、不屬常。孔孟給這個仁字畫了許多框框，下了許多定義，而仁與心一樣是活的、不能畫上句點的。猶之說某人一生行善、晚年偶然不愼、或貪了一次汚、或誤汚了鄰婦、或變了節投降了賊人。我們給他的評價、一定十分惋惜的。晚節不保、前功盡棄。又某人一生壞事幹盡、強盜土匪、貪贓枉法、無惡不作，就在他臨壽終正寢前、把億萬家產全部捐給學校等慈善機構。想想要如何來替這大善人立碑？說他的一生、無日不在想法攢錢、無厭足的在賺、都是爲了日後要做大的慈善事業？人是要蓋棺才能論定的。宰予晝寢，孔子就發了那麼大的牢騷，說始吾於人也，聽其言而信其行；今吾於人也，聽其言而觀其行。於予與改是！不但對宰予的平日考核全盤推翻，對整個人類的人格、也要聽其言而觀其行了！殺雞焉用牛刀的取笑宓子賤、前言戲之耳。夫子道歉了事。以貌取人，失之子羽呀！知活人跟知天一樣難！雖然聖人可以參天地化育萬物、可以知人、然亦患不知人也。殷之三仁，管仲倘生於孔子同時，恐怕仁而不佞、三月不違仁的美稱也撈不到呢！歸仁是要問心也要問跡的。仁行千千萬、古人只要守一點即可包括全體，活人則要做到完人庶幾乎！孔子對時人不妄加讚嘆、宜乎哉。

子罕言利、是不以利標榜，猶之敦倫、不可標榜一樣。萬取千焉，千取百焉，臣弒君、子弒父乃必然結果；不知命無以爲君子。這全得在我的認識，是天道天命之不可言而喻呀；

與仁則是未得蓋棺、不免以言語取人失之宰予的錯斷。以孔子之聖、罕言是想當然耳，記言記事的受業同學、又必是共同有感而發啊！

論語每句話都是寶，猶之佛典四十二章經裏說：譬如食蜜、中邊皆甜。論語的確是一本人人必讀的社會人文科學大全，而且也是中邊皆甜。讀得懂、你必然是大聖大賢，即使讀一過、你也會成爲人上人、作社會中流砥柱的人物。爲人父母的——天下父老兄弟姊妹們、你不是望子成龍、望女成鳳嗎？舍論語別無蹊徑！

美西貳萬柒仟里去來

一、楔　子

『未老莫還鄉，還鄉須斷腸。』那是數年前探親前的心理準備。小兒子說：『爸爸第一次出國就是回國；第一次離家就是回家。』起先滿頭霧水，不知所云，瞭解後哈哈一笑。這次可眞要出國了，十三日也算是探親的美西行，希望看看美國的月亮是否比中國圓？美國的天空、果然比咱中國明亮寬敞？咱是帶著批判比較的心情上路出發的。

在三萬七千呎的高空、四方都是天藍色、只有憑經驗了：頭頂上的是天，腳踩著的是地。憑你視覺是混淆了天地，上下左右兩旁兩側八方共色了呢！機外的溫度是零下七十一攝氏度、時速一一五二哩，就算東海龍王敖廣受不了這喧鬧搔擾、掀起了千尺白浪、想一口吞下在它看來比蚊子大不了多少的七四七飛機，這在天地間只佔一丁點的……龐然大物、依然唯我獨尊傲視宇內的在大氣層上、意氣軒昂的一寸一寸往前挪行，古人說夸父追日、夸父是累死了、渴死了。你想地球繞太陽每小時十萬公里在運行，人、在坐椅上坐著不動，其實也是每小時一五一四公里的時速在旋轉，夸父眞不量力啊！可是我今天看到我們的坐機可眞的追到了日呢！（十九日晚上十時卅分起飛、過東京似乎不多久，萬里金光、日正當中了）今人眞有福氣，不饑、不渴、不慌、不喘，就能和太陽同步。命運共同體、機上數百生靈、不必思想一致、可以目的不同、更無必要統一大家思考模式，這是世界上最渙散的團體，儘莞吵翻了天、又有撻伐異聲，只要你不打爛飛機、掀走天窗，機長領航員是不會來干涉你的。機長最大的責任是對內部供應足夠的氧和空調。依報告：大氣厚度一千公里以上、百分之九十集中在距地球六千公尺以內。大氣層中：氮佔七八．○九%氧佔二○．九五%其它還有二氧化碳、氬、氦、氖、氪、氙、臭氧。飛機高度已超過萬公尺，我們需要的是氧和暖氣空調。並保持平穩、準時航向目的地。乘客中如果有人聲稱要呼吸機外自由空氣，自我膨脹，以爲我在機上一泡尿、可以使下面海水漲幾尺幾丈，甚至和玉皇太帝（即上帝）比高，試試看就有答案：一離開機體、機外零下七十幾度，不消十秒就可凍僵你的嘴吧、手腳，敖廣的蝦兵蟹將會來收拾殘局。在機內你儘可自大自比天地，出了機體、可眞渺小得太可憐了。如果在換日線上巨無霸飛機栽個觔斗、恐怕激不起多大的浪花，很快很快、這三萬七千英尺下的海水平面又恢復了常態。……洛杉磯到了，怎麼醒眼的高樓只那麼一小撮，一大片一大片的都是平房，這裏是美國第二大城、人口僅次於紐約，莫非這就叫做地大物博？街道的整齊、我們的市政大員該出來睇睇！蔣先總統介石在他民生主義育樂二篇補述裏提到住的問題，我不相信往後廿幾年裏他沒見到舊市鎮的延伸，新興都市的誕生是那麼隨興！台灣地小人稠，大家習慣了說一套做又是一套的把戲，所以上下相安無事，啊！舊中國、新臺灣，差別在那裏？

二、村　居

早上起來，一群烏鴉在對門紅屋瓦上聒噪鴉鴉的叫。阿Q聽了準罵死烏鴉一大早起觸他的霉頭。胡適文存中載有自喻的一首新詩：我大清早起、站在人家屋角上啞啞的啼……。今天算見識到了。胡從寫實轉到寓意。在中國、你可曾見到烏鴉敢飛到人家屋頂上、又放肆大膽丫丫的叫？那是找死的烏鴉。在咱們中國人心目中、烏鴉叫是天大的不吉祥，表示有人行將物化，烏鴉叫帶給人類的是死訊。人類卻要忠實的烏鴉先死。飽之以彈弓火銃，烏鴉不飛到人家屋上叫了，可是人類還是不斷的有新陳代謝。『戰城南、死郭北，野死不葬烏可食，爲我謂烏：且爲客豪，野死諒不葬，腐肉安能去子逃！』這是漢樂府。莊子列禦寇篇載：在上爲烏鳶食，在下爲螻蟻食。烏鴉好像專吃死人肉，鴉鳴表示告聚同類來打牙祭。烏鴉在國人心目中是大不吉祥物。胡適新詩烏鴉繼上面『站在人家屋角上啞啞的啼』後，又說『人家討嫌我，說我不吉利；』烏鴉嘴……不是好嘴；天下烏鴉一般黑，是指一樣的壞；烏白頭、馬生角，那是不可能的。儘管有人在長江頭見過白鴉；漢書卷七十五眭弘：京房傳：有白烏數千下集其旁（泰山萊蕪山南）池北偶談卷二十一：有白鴉，出現在耿氏墓林中。太平廣記四六二卷有白烏皮，是神仙白鴉的皮羽。白烏，白鹿，白狼，白虎，白燕，白麟，白蛇等稀有動物被人們看作吉祥徵兆，烏鴉則永遠被敵視。白居易說烏鳥知反哺。明楊椒山喜鴉惡鵲，他說鴉忠鵲諛。仍然扭不轉如雪濤談叢說的：鴉鳴，聞者皆惱，應名惱鴉。李昉說故事：烏鳴，爲賊所殺、知烏有先見之驗。俞樾茶香室卷二十一更有鴉經。以烏鴉叫聲多少、定方位，辨吉凶。眞是荒唐！美國，也許美國人喜歡奉獻，死後就提供烏鴉大餐吧！也許美國烏鴉不吃死人肉，美國烏鴉是吃素的！啞呀啞呀的從天明至天黑、甚至夜半，沒有人發怨言討人嫌，烏鴉命眞好，生在一個諒解它的世界，沒人用它的造型……全黑、或叫聲作咒語，彈弓火銃不至，自由自在在人家屋前、後院覓食。寄語天下烏鴉，不樂斯土的、來呀！這裏是我輩烏鴉的天堂。說不定我輩的孝行、美國人正拿來訓勉子弟呢！在道德、宗教、法律的空檔期，來得正是時候。中國人丟、美國人撿。來呀中國烏鴉，在美國一般大衆思想還沒被中國烏鴉成見污染前、趕快來投奔……自由！

姪兒吳兆玄家住〈二萬〉，距洛杉磯車行約一小時半。這兒本來也是沙漠，引科羅拉多河雪水使整片土地蘇活過來。鄉村的建築、都市道路的規劃。大社區裏面有小社區，小圍牆外又有大圍牆。全村七百戶人家、我曾經沿著最外面一道高牆走了三小時半還未走透，幸好姪兒下班、把我和荊妻給撿了回來。全村八至十公尺的馬路縱橫交錯，但只有三個出口，如果你不小心鑽入它千層錦套頭，保證你鋤不斷、斫不下、頓不脫、入了它八陣圖哩！二層木造瓦房，有車庫、前後院，奇花異草、蒼松翠柏。後院黃橙橙的柳丁、檸檬柚子柑桔，只用來美化環境，絕不摘來享用與農爭利。他們都是包給園丁定時前來整理。前院花圃相連、外表家家建築形式大同小異。整齊中有變化，崢嶸突兀中有規律。前院沒有籬笆，但人心的藩籬高過實際的竹籬，鄰居各色人種都有，治安好，到此我才深深體會到老子的『雞犬相聞、民至老死不相往來』的境界是那麼的美！有萬能的政府、什麼守望相助、疾病相扶持是多餘的啊！十三天來沒有見過一個警察、天高皇帝遠，帝力於我何有哉！人人守分際就沒有糾紛。成見在先、雖然脫離了是非地、很多避秦人因政治立場同或不同而額手稱慶或磨拳擦掌、咬牙切齒。我是個快樂旅遊人，姑摸妳……姑嫩……姑依挽妳隨便送，倒也結交不少朋友呢！國家大事、策反陸文龍、交給王佐去傷腦筋！我輩老百姓，旅遊就純粹旅遊，明日陰晴管它定耶未定！

三、狄斯耐樂園

三十幾年前聽同事眉飛色舞的大談遊狄斯奈樂園的種種、特別是星際旅行驚險的故事，心實儀之，落後他卅幾年才得如願以償。就如同讀初中一年級時，同學說故事：武松手中的刀被西門慶一腳踢開……武松一拳先打死淫棍西門大官人、然後翻身再從窗口躍下、半空中把刀撈在手上、刀還未墜地呢……引發我看故事書……似乎凡事都晚人半拍。既沒經濟頭腦，又乏尋找新刺激的能力，也好、大半生習慣了做跟屁蟲，我奇怪像狄斯奈這樣有水準的遊樂場所，號稱外匯存底世界第二的咱臺灣，竟不屑跟進。也許不是不屑跟進、而是不知道跟進，否則、日進百千萬金，都是自動送上門來的四方『香客』。不幹只突顯你的無能而有益狄斯奈樂園繼續集中各方入貢的資金！門票三十四美元，只要你有耐性等，排隊入場，場場免費。若有識途老馬，所有重要設施都不會失之交臂。鬼屋、只加添了一些照片，也許只是表層移動、惡漢美女的變化，做得天衣無縫。飄然而來披著白紗的長髮女子，伸出長而紅的舌頭，憂鬱的眼神，來無蹤、去無影，在半空中飄盪，一個二個三個，參觀者不覺得毛骨悚然，反覺這些女鬼可愛。也許參觀人潮人氣重，都沒有害怕感覺。我猜大概是雷射效果。其它如墓地、棺木裏爬出僵屍來、台灣的鬼屋除了場地較小外、恐怖氣氛大同小異。說到鬼，紀曉嵐面對惡鬼時的鎮靜『人是未來的鬼、鬼是未來的人』告訴鬼、人鬼循環交集，不必害怕。道理儘管人人懂，鬼暗我明，就如同不設防的堅固城堡，讓各種鬼進進出出，日久天長，耗盡你的儲藏，你還不知道呢！躲在暗處打你壞主意的人比鬼更可怕啊。太空星際之旅，大銀幕配合坐椅震動，如身歷其境，在群星中攢出、飛越峽谷、冰山、危崖，和天空流星擦身而過，一波一波間不容髮的不歸路，迫得你氣都喘不過來。這只是一個錯覺，只要你閉上眼睛，坐椅搖動而已，千鈞一髮、萬馬奔騰的聲勢已殺它一半。另一組配合雲霄飛車、快速天空旋轉和實際列車下衝的景像，雷霆萬鈞、險像叢生，快，快到要說『愛人同志、抓緊』……都來不及！眼看碰上流星，沒有時間尖叫，沒有時間害怕，一幕比一幕神奇，一幕比一幕恐怖，結果……都是化險爲夷。我妻夠膽量，同行某小姐下車已不能站立，也不能說話。有比較、當年妻兩腳直抖的窘境，也算進步多了。另一樣我佩服美國人的，只要是池塘、只要有水的地方、水質都是透明顯得十分乾淨、不長青苔或垃圾。這種歷久常新的管理，正是賺人荷包的第一要訣：狄斯奈潛艇場，海盜村如是；好來塢模擬海戰的大湖，大白鯊出沒的大池塘如是；賭城拉斯維加斯地下仿尼羅河流水亦如是；連建在山頂上只供參觀的嚇氏古堡游泳池，水都是清澈見底的。他們的領導人、小處注意到使絲絲入扣、大處又能綱舉目張、不只是要用心人才的培植，也要能充份授權才是。但如果你堅持美國水質本來就好，沒什么希奇，那也就不算希奇了。雷射配合震撼的煙火與音樂、眞能懾住萬頭攢動四方圍觀者的心，屏住氣息、一幕一幕的出現在虛空中的精靈、沒有銀幕、天地就是銀幕。煙火、震撼音樂和湖山上半空中的神祇、有層次、有動作，轉眼間彩霧迷蒙、消失一組又出現更大的一組，本來洶湧的人潮、頓時噤若寒蟬、被巨大的魔像和音樂定住了形、攝走了心、高潮迭起，突然燈火通明，音樂聲竭，夜空中彌漫著濃濃的經雷射造形殘存的白煙，冷風中變成百十個捲屈鬆散的光影、飄沒在數萬人雷轟般暴起的掌聲及喝彩聲中。虛幻的造形、輔以震撼的古典音樂、扣人心弦、極盡聲色滿足耳目官能的設計，美國的藝術工作者善用科技、挖盡心思值得我們效顰的呀！

在樂園裏、我們見到各民族和諧共樂的畫面：黑人、白人、棕種人、和咱黃皮膚的中、日、韓、星馬泰及各地華人。禮讓問好是起碼條件，這種假像、在上一代美國人看來是叛經離道不可思義的悖逆動作，白人的優越感、歧視黑人、中國人和狗不准進入上海租界公園、好像有色人種在早期白人心目中是一種罪過的化身。也罷！這一代的美國智者如共和党總統候選人杜爾的輕視黑人、智識份子倡黃禍，教唆美人引起共同恐懼進而抵制黃種人，這是白人優越感的傳承與繼續發揚。表面上的假像、同遊樂園沒有利害衝突，所以吃飯排隊！坐車遊覽排隊！看節目排隊！沒有特權。遊者與園方都有共識和默契，在這景點上各取所需。所以在這個小圈圈裏、種族共和，不談主從。別高興、出了園子種族歧視可還眞嚴重呢！他們的共同語言是英語，烏人似遭徹底同化了，操從前主人共同的語言。到這一代想要保持母語談何容易！西班牙裔私底下仍說自己祖傳調調，觀羅省各地縱橫交錯的道路名稱採用西班牙語可知。西裔人數衆多不得不遷就他們、但同化工作不會因此放慢，大美國主義使入境者能說、能寫能看讀爲榮呀！中國人最遜，不消二代、淸潔溜溜、退了母語、除膚色外和洋鬼子沒甚麼差別！歸化心切也。雖說是生存競爭不得不爾，如果有一天白種領導階層吸收了中國上古文化精華的某一部份，說要用華制華，猶之中國的以夷制夷。發表遠東區總司令爲林漢仕、配以上百萬黃皮膚、黑眼珠子爲班底的攻擊部隊、用最新的核子、死光等最歹毒的武器、向北京、九州、曼谷、河內次第發出閃電毀滅戰。屆時中國的攔截技術和美國伯仲間、這些精銳美籍華裔日裔韓裔泰裔的英勇戰士、必死於抵抗戰中某一役，白人後續押陣大軍坐收漁人之利。哈哈哈哈……一舉數得……避秦人還是遇到比秦更秦、比中國更中國的白人種族主義野心家，逃得了上一代、逃不了下一代；逃得了一時、逃不了永久。黑人監軍同遭淸除。殺上他數億、剩下的就成了被保護的稀有動物了！這些先殺滅、屠牛、屠狼、屠印地安人的儈子手、正是那佔總百分之三十九的盎格魯撒克遜族的叛徒，美國早期移民。黑奴、黃苦力、棕鬼、紅蕃超過一定數量，他們最佳的減肥計畫就是發動戰爭、借刀殺人、不著痕跡，又恢復了白人美利堅純白的世界。一廂情願、爲虎作倀的冤魂到時接受愛撫吧！

園園的火車經過大峽谷，觸動遊眞大峽谷的念頭。美國本來音樂、藝術都有一定的水準，假花鳥木瑪人物的機械動作，配合音樂節拍開闔上下遊迴，好像花鳥有情、人物有意，木頭花鳥都成了夏威夷情調的代表。海盜村人物眞眞假假、混合演出、讓你冷不防假人會說話，小狗汪汪叫。

午夜零點始散場，酷熱的白天、氣溫驟降，相當台北十攝氏度，來時一襲襯衫尙嫌厚嫌熱，此時大夥直打哆嗦，標準沙漠型氣候。

四、好來塢

holeawood 影城未入門先有情，賣門票兼守門員的正經八百拒絕賣老人優待票給咱、還裝模作樣的在我們一行五人中仔細瞄了又瞄，然後大聲說沒有老人呀！大哥據理力爭不過，對我說護照還是要隨身帶、可證明年齡。待數了數找回來的小票，多了六元，又見那洋人笑容可掬恭送我們入園，大哥才悟到剛剛演了一齣喜劇，直說洋人幽默。

敬老尊賢，大正式、也太莊嚴了。中國人習慣把禮義之邦、文化上國當口頭禪順口溜！

禮義已失、且看蠻人蕃國彼美夷台北北美辨事處簽證時的規定，五十歲以上的人、送簽不必排隊、逕至窗下交件。慚愧煞咱們民主頭家，二千四百年前孟子有五十者不負戴於道路的王道規畫，往後可有一套敬老辦法，範例天下遵行，並蔚爲風俗的？公車設老弱婦孺座不足代表那就是禮義之邦文化上國。更何況好多少壯派年輕人不屑這一套、老賊老不死老不羞不出口，已經十分客氣了。上一代的人罵這是什么教育？這一代的年青人罵換我們做做看！六親不認、冤親平等、一視同仁的循吏尤糟塌長幼有序古早先賢寄望。喜歡踐踏別國文化爲樂的美國大哥，竟然在它的小勢力範圍內、在魯般先師面前耍起斧頭來，讓主人情何以堪！禮失求諸野、存一分高傲的心、少一分求可得的謙卑意願。中國文化目前俯拾還是，屆時日本文化、美國文化、以民主自由爲藉口，強行引入，不是立刻灰飛煙滅、就是久假成眞，斷中國奶水、吮日本東洋小奶、吸美國西洋大奶奶！全台二千一百三十萬同胞變成假洋鬼子！鼻可隆、眼如何染藍？皮如何漂白？身材如何拉長？恩主公、林默娘、要不要改變籍屬？權力使人著迷，古今中外鮮有例外啊！

好萊塢的演員都認眞的在妄。演戲嘛，幹庥那麼認眞！何況每日都有固定的戲碼，可是人家敬業。一場海上爭霸戰、只有足球場大小的湖水、碧藍似海，十多位演員、演來轟轟烈烈、殺得十分悲壯、火砲的光熱直透每一位觀衆身上、有人中彈了、在五樓高的桅檣上平躺墮入海中！局面雖小、不覺得小；背景爛、只覺得逼眞。人人像身歷其境，沒有半點冷場，也沒有一絲放水。觀衆直呼過癮。看慣了歌仔戲表態會意的動作、這時我才知道該妄的時候要盡情的妄，這才叫藝術，這才叫敬業。我們太多不該妄處妄了、譬如辦教育、只講求升學主義；開銀行不能防止冒貸、呆帳、擠兌……敬業樂群……只把它當教條了！影城也有超時空旅遊，第二次坐就不那麼新鮮了，妻說我沒投入，說得也是、眼前仍然是飛快的空中列車、依然是冰山、大谷、穿梭星際，沒投入就把它看成立體電影，椅子離地盈寸在震動而已！就如同黑夜聽叔叔阿姨在說鬼故事，突然那阿姨大叫一聲，投入、會嚇得你屁尿直流，讓叔叔阿姨直瞪著你發笑、而你看不到叔叔阿姨的血盆大嘴在口沫橫飛、四處飛濺。阿柑說我沒意思。

任何一場歌舞秀都有火砲，煙硝彌漫、火花向八方四面蹦跳，立體音樂、可用震耳欲聾來形容，濃厚的火藥味刺鼻。演出者個個是拚命三郎、勁頭十足。我參觀了一場西部牛仔武打現場演出、歹徒在百千觀衆面前做案，手法乾淨利落，動作靈活、態度頑強，情節細膩合理，沒有悲情的訴說，只有盡全力、挖枯腸，希望博君一粲而已！

攝影技巧的展示，雖然破壞了許多電影危險情節、原來都是造假，利用攝影技巧製造緊張氣氛，騙過觀衆法眼，公開了奇險的祕密，會不會影響今後電影觀賞者的胃口？觀衆的眼睛是雪亮的，可是觀衆的心是盲的，我敢相信百分之九十九的人會繼續相信親目所見、親耳所聞。電影事業在滿足觀衆視神經主觀條件下，永遠是如日中天，不怕底牌被拆穿呀！何況拆穿西洋鏡底牌的、正是引你上勾的影城自己呢！也難怪，古人說大盜竊國，明明告訴你我是大騙子，你偏固執說「這人愛說笑」。一廂情願的接受此心所認定的事實！

中國可能仍然窮（雖然外匯存底已多過曾經是世界排名第二的台灣），兩岸前來參觀的人數不足驚醒好萊塢當局，所以塢中各場地廣播介紹只用英、法德、日或西班牙語，十二億幾千萬的北京話竟被忽略、不被尊重！不用多久、我敢打賭全美各場地會爭相補上有京片子介紹的節目，讓你感到好像身處台北或北京、沒有身在異鄉爲異客的感懷。當然尤願類似這般場地及設施、中國也有，並吸來等量的觀光客。中國的財閥們可有興趣？

在一所有三層樓高的參觀線上，不曉那來火苗、只一瞬間、置身在一大片火海中，頭頂上的樑吱吱作響、隨即往下傾倒，大火愈燒愈旺且愈近，熱力直透混身上下，汗流如雨。前有猛火、後無退路。燈光突然熄滅，尖叫呼救驚懼的喊聲嚷成一團。烈焰頓熄、燈火復明。大伙躊躇失控的情緒久久不得平靜！火，他們能運用來去自如，毋須沙子、水、與泡沫。我們要學恐怕還有一段很長的路要走呢！

從影城往外看、四圍的山灰朦朦一片、寸草不生，我發現上天並沒有特別眷顧此地居民：天無三日雨、天無半片雲。焦炭帶銅褐色土石沙粒迤邐千里，自然條件差。可是，只要有房屋建築物，就有空調。就有人工種植的綠樹，花枝蹀躞、奼紫嫣紅。近處花木扶疏，薔薇處處，綠意盎然。雖沒有森森喬木，綠化工作、用人工去補天工，數百里外以長管輸送的水、源源不絕，炙熱的陽光，日夜溫差大，沒有藍天白雲，永遠朦朦灰暗，地面上霓虹及照明的燈光永晝，家家有小轎車數輛代步。洛杉磯、從不毛沙漠地蛻變爲美六大人口稠密區之一，三百多萬人口，僅次於紐約市。加州更是美國人口三分之一的集中地，是第一大州。據說美西各地房地產落差相當大、就是看各地方綠化成績定高下，地方政府課稅、也是看綠化程度決定多寡！可以相差五倍到二百倍。滿山遍野焦土上美國政府努力的痕跡斑斑可見，等距離的栽種草木，生存率怕連百萬分之一都沒有，那是在加州東部接內華達州，東南接亞力桑那州一片約十五萬方公里土地，若果能＊蠶食成功，一大圍一大圍的村落往那發展，綠化沙漠將不是神話，屆時地方政府稅收大增，人口大增，房價又下滑，這是大家所樂見到的。

政治是靠聖智的人出來管理的。管理者必須懂得圖利人民的藝術，惠而不費，有這種頭腦，你才有資格擔當圖利大衆的舵手。只喊悲情能煽惑政治識見低能的群衆就以爲自己是政治家；能帶動一伙政治低能兒，卻又哄騙他們說你們是民主鬥士，抬高低能兒身分使誤以爲我在爲民主打拚，樂爲野心政客利用；野心政客能翻雲覆雨，又能利用群衆死命跟隨，錯認自己、以爲這就是政治家的風範。政客只會圖利自己，煽動別人最大的目的就是方便自己攬孳孳爲利的活動！台灣目前有五大族群：漳州、泉州、客家、原住民和民三十四年來台爲數約四百萬的新台灣人。漳、泉二幫的械鬥由來已久，子孫不可能輕易撫平上幾代的恩怨，歷史的傷痕、不肖子孫會承繼下去的。客家人政治上比較懂得大是大非、這是蔣介石先生深爲戒愼恐懼的。新台灣人都很懂得安排自己，追求自己的韌性活動。老蔣時代限制出國、小蔣晚期無限制開放。當我身在*二萬，我在設身處地的去想：假如我現在是移民、我已成爲美利堅公民，怎樣？心裏好過一點嗎？沒有悲情族爭，沒有導彈陰影，沒有劣等政客震耳欲聾的聒噪洗腦，遺棄了舊日的社會、拋開了悲情，一切安啦，是否眞能安啦！環境是淸靜的，生活是無憂的，異國風土人情和當年杭州作汴州的差別在：你不只自己成了異鄉人，你的子孫也成了異鄉人；你可是還有故國河山之戀，你不忍心看到你的親子骨肉已經認賊作父了。滿嘴嗚哩哇啦當然你也聽得懂的異國文，可是滿腦子是異國豪情。你當初只想拋開漸時的煩惱、你得到的卻是永世的煩惱！你身在美國、心還是中國；你口頭嘴硬、你心中嗚喑難平！亂世呀心中充滿矛盾，讓矛盾帶入泥土、還是……難選擇選擇難呀！你遺棄中國、中國也揚棄你，你心是中國、外皮也是中國，說的、吃的、用的、想的也是很中國，過新五子生活，你能說當然不是啞子、你能聽當然不聾子、你有車子、橫行直走難不到你，你有房子，銀子，樣樣不是問題。只有一個問題……你心難平呀！

堅強的個體戶！往日嫌吵，你今天可要靜得嘴裡飛出鳥來了！你的收梢可能是：在美國嘛距天堂的路比較近，上帝接納比較方便，而你的千秋佳城，也許已決定在美國。綽有餘妍的旅美桃源隱遁生活，肋下插柴自認了！你不恨你不能有生之年析骨還父、剝肉還母，將中國摔得乾乾淨淨！你不恨美國人喜歡賣楂梨將壞作好、欺侮中國？你又不辦外交、管它什么老美喜愛打鳳撈龍，政客們都是一群喬才壞蛋！你只管打乾淨毬兒置身事外靜養天年。都是我們這一代命苦，也連帶把兒孫賠入蕃邦異域，永遠寄人籬下，你的子孫沒有你的才大，翻不出你的手掌心，也就安於現實！挑起一切罪惡與責任來吧，沉山瘞影，你既不願走回頭路，學學賈島長吟：

客舍并州已十霜　歸心日夜憶咸陽
無端更渡桑乾水　卻望并州是故鄉

心頭的痛會好過一點。唐突啊唐突，冒犯了您您您！他他他！葡萄可真酸呀酸！有人說水是故鄉甜，人是故鄉親，月是故鄉明。台灣水甜人親月明，陳前前前副總統誠先生莫可奈何的說：我們儲才國外……有一天……會回來的……。世界天下本來是一家嘛！論語上說四海之內皆兄弟也。不對，今天更要擴大到四海之外也是兄弟，張載張夫子的民吾同胞，正是要擴大孔老夫子儒家的門牆。美國算甚麼、太近了、金星火星土星木星天王星海王星外星、星外星的人模人樣的人都是兄弟……一廂情願了啊！待你中國強強強了，你才有資格去兄弟人家！如膠似漆的民族感情淡化了，世界唯中國馬首是瞻了，你去兄弟人家、大同人家……注意只是大同啊，可以小不同啊！人家也許會高興得像今天的你我……不禁手之舞之、足之蹈之，隨咱們起舞，隨咱們喊四海之內皆兄弟也……！

五、賭城——拉斯維加斯

明知山有虎，偏向虎山行。眞個是酒不醉人人自醉、色不迷人人自迷。三杯軟飽後即來一枕黑甜，算你有酒德。漢成帝只有在飛燕姐肚皮上找到一絲英雄氣慨。他眞的不愛江山愛美人？在拉斯維加斯、你眞箇是會只愛美女不愛江山！你看群山萬壑盡是一片焦土：山石似曾長過青苔、被烈日曝晒乾了、經年累月、烤成赭褐帶焦炭顏色。這一大片山地高原沙漠、陽光充足、天上地上、萬里無雲，灰朦獃滯、永遠不開朗、萬里蕭條、鷹隼罕見。沙光閃爍似水，波光瀲灩粼粼盪漾，給沙漠旅人帶來一線無望的希望。這種完全沒有生氣的空間、你愛將愛得你發瘋。我們這支國際旅行團經過十數小的突破千重禿兀、萬重赭暗高原、眼前出現一片豪華奢侈的建築群。這就是舉世聞名的賭國拉斯維加斯。據說世界十大旅館業中、這裡就佔了八間。我們住的客店RIVIERA有二千多客房，巨大的蜆虹彩牌，十五六層樓高，排名尚在十大之外，盛況可見一斑。

這裏方圓千里都是不開朗的天空，清一色的灰暗。可是有一條街倒是萬里晴空，藍天白雲。進入街心，夜景眞美，意大利羅馬式的雄壯男性的石彫，美女露胸坦臀裸露出優美的曲線，一尊又一尊，從街心到屋頂，從圓環到店前。偉大的藝術作品，由你看個飽，興來還可和它合照，這些俊男美女的裸相，展示出人類天體的自然美。來往人等無不讚嘆精巧佈置、和細心設計。幾天來低氣壓，不見藍天白雲、天高氣清的悶思，讓人造的藍藍的天，白白的雲，像遊子思鄉、孝子思親的至情，得到一丁點的安慰。這是一個無風無雨，永遠是晴的人造*包青天。他們把街兩面包起來，用人工彩繪出常態的世界景像，配合電光。啊詩人們、特別是御用的大大詩人，來歌頌這關起門來、看來比外面還美的世界！

賭，是這裡當令的正當行業。到處是吃角子老虎，有妙齡女郎主持牌局，幫你洗牌、發牌。她們是經過特種考試及格，持有美國政府發給的執給，才能下海擔任這種職務，碰那些牌。難怪這些孃兒們手腳乾淨利落、把手中的牌當玩具在耍。仿古埃及金字塔造型的旅館，底層是人工造的尼羅河、坐機器船、沿途可欣償埃及風光，肚皮舞孃是美國小姐，有模有樣的在扭腰擺臀，露出美式豐腴、細皮白嫩的肚臍，搖呀擺呀，搔首弄姿，專給過往船隻上的遊人欣賞。遊人大多報以掌聲。

賭、大概是人類與生俱來的本性。到賭城來不花三五塊錢賭賭運氣的，一定是虔誠的佛陀子弟，謹守戒律中不貪戒；有人投下百十元了仍然沒有斬獲，繼續下大注，企圖一兜還本、再一兜回唐山，這種癡心漢子和婆娘，成就了拉斯維加斯的熱鬧和發展潛力。我就曾聽說有人只丟入一夸脫二角半美金，嘩啦啦像驟雨急風傾瀉等值銀幣百十萬枚。搬不動，賭城還派人護送回家。絕沒有賭贏了，錢還是帶不走的流氣顧慮。見報的流言，眞假滲半；借你金口作免費宣傳，也是司空見慣。這是賭城宣部門設計出最有效的招徠術，讓你相信千眞萬確不是虛構的，甘心情願的攢入它那千層錦套頭。高招呀高招！我賭一元一回合的扣班機，只幾秒鐘就吃掉六七元，妻要試手氣，也是玩一元攀機一次的豪賭，鏗朗十大聲響，又厚又重的一元美金硬幣瀉落儲槽。馬上鳴金收兵，把它帶回作紀念、並分送親友。事隔多日了、每當提到這馬子事，我那美嬌娘還眞興奮不已，心花怒放朵朵開呢！

脫衣秀、並不只是給你看外國人天造地設的原始河山溝渠、比較中外不同的造形藝術，而是寓動態的舞姿去欣賞胴體扭轉變化的奧妙。細緻光滑白嫩的玉雕、顫動的波霸，嬌艷含情的水波，蕭洒的蓮步，快速旋轉出入舞台每一角落，讓每一角落的觀衆都能賞析到燕瘦環肥的鹹淡。中展台直到你的面前、燈光隨白玉轉，你可以看個呆，看到口水直淌。觀光客不論男女，興頭都足、眼睛隨俏娘兒動作婆娑上下、翩翩同步。二個小時沒有冷場！誰無兒女，這些舞孃也是美國人的兒女，爲生活廿四小時在這沙洲上赤身露體賣藝，放下女性尊嚴，讓生張熟李無限制的目測、焦點投射到無遮蔽的任何空間。年復一年、女孩的青春美貌、很容易的在華燈彩照下、不同種族恩客掌聲中消褪。她們居住在這墮落的社會，人吃人的險惡世界、十方覓食者的湧入，能全身而退、出汙泥而不染的，不是自己意志堅強、就是祖上有德。至若從這裏出發，到名滿天下的機率、只好賭了、賭十年八年，老大了商人未必還看得上眼呢！同遊萬先生說他是被父母從台灣放逐到美國來的，父母遺棄了他、他也遺棄了父母。要衣錦榮歸可眞不容易！在這沙洲上也可以說天地也遺棄了你。你得激發自己求生存的壯志，優勝劣敗，要脫穎而出，你得殺出重圍，你得狠下心來，不要被吃，得學吃人。萬先生是我們的導遊，吃人吃得可兇，除每日五美元的導遊小費外、舉凡吃、用、買票、甚至有一天問問題可能也要小費，說是知識產權和勞力報酬。名果然順了，言果然正了。我怕有一天他吃不完兜著走，做人還是厚道一點好！

賭，色情，應該是罪犯的溫床。奇怪，拉斯維加斯半夜三更、到馬路溜躂，欣賞霓虹，沒有混混攔路向你要十元八元消夜，眞箇是盜亦有盜！黑人少、衣衫襤褸、夯貨、要飯的都幾乎見不到。莫非來者都是大爺？儘管如是，一次夠了，我不想再來此地一遊，即使僥倖有錢，更莫說來此地營菟裘計了。

侄兒兆玄說在拉斯維加路上曾出現土匪。我特別留意有無大石塊、木頭橫在路中間，然後出來幾個綠林好漢上車搜身要買路錢。來往二條類似我們的高速公路，相距不遠，雖然萬里不見人蹤，但車輛來往倒是絡繹於途。按理土匪無生存空間，兩頭一封鎖逃無處逃。雖然如此，還是有亡命之徒企圖一試的。你看大衛教派的自焚；近日攬獨立的中部民兵、他們發出不承認美國聯邦政府的通令；此外黑人發動百萬人示威爭應得的權利運動；種族問題，黃禍論，二百年老店的領導者，上台不修憲、尋求三任四任，下台就安安份份的做卸任總統，享受仍有跟班，無職無權的平民生活。一枕華胥果然黃帝五千年前即見到這一境界！個人政治上沒有巔峰意識，就沒有方中方仄的恐慌因而製造危機。大部份歸化的美國人應該沒有對國家認同問題，我們台灣入籍的美國華人比美國原人還美國呢！也難怪、人家強大麻！在別人土地上開戰、販賣武器給敵對雙方的人馬，製造因戰爭而造成別人貧窮，美國從中獲利。表面上她似國際警察，骨子裏可是一個大流氓、惡棍。我們只見到她的菩薩面，另一面有意略過。好比兩情相悅時見不到對方不能容忍的另一面——賊相歹行！

拉斯維加斯的夜間燈火舉世聞名，雖然樓高數十，白天倒看不到特別突顯的朱甍碧瓦豪門氣象。黑夜千萬盞小燈泡串成的燈海，果然除卻巫山不是雲，唯它獨尊。我奇怪在羅省、三藩市所有大樓燈火徹夜通明，起先以爲他們趕工、連續數天如是，問一問得到最可笑的答案：原來警察當局『研究出一套防盜辦法』。開燈、小偷不來；關燈、梁上君子光顧。美國小偷和老中國小偷一樣『盜亦有道』。古老中國不成文的規定：小偷必須穿窬入屋，如果從門窗登堂入室，即視同強盜；被主人發現、要束手就擒；抵抗或殺傷主人，唯一死刑。這是公共常識。所以小偷只能偷偷摸摸活動，黑夜活動最爲理想。中國上焉者禮已失、下焉者已無物可以遵循。上下進退都失據，想不到美夷社會的自然進化，已進步到中國的上古約定俗成的純樸社會。聰明的警察請出諸葛空城計、有一天被賊司馬發現了破綻、後果將更嚴重！

三年前、我在中國湘西發現田間栽植等距離的電線桿、依靠上面掛著的電線傳遞消息通話，深爲中國憂。前幾年波斯灣戰爭，美國以前衛科技戰略迫伊拉克低頭、中國如此落後、怎能在廿一世紀一洗八國聯軍的奇恥大辱？怎能和列強抗衡？這幾天在加東、內華達也見到櫛比排列、等距栽桿、一桿四線的通訊工具。大概是落後偏遠地區不得不爾的權宜措施。

參觀了胡佛水庫、使我想起當年辛棄疾酒後對陳同甫失言：辛棄疾說斷牛頭山的水、天下無援兵；決西湖的水、滿城皆爲魚鱉。南宋在杭州所處的環境如此。辛的失言被陳同甫敲去十萬緡和駿馬一匹。今日我林某人說斷科羅拉河胡佛水壩的水，美國西部半壁河山整頓成廢墟！目前長征火箭大概勝任。日後火箭推力可達到紐約、華盛頓、芝加哥的時候，中美這局梭哈，看那邊盧梭信徒比較多，或者伯仲間、而且有決心玉石俱焚，這場豪豪豪豪賭、不出幾年，不是明明年、就是後後年，中國應該在百多年被欺侮、積弱不振的忍氣吞聲中表態一下。美夷啊看你能橫行到幾時！

六、大峽谷

嚴格說大峽谷的命名不夠切貼！站在高原本身看峽谷，只是一個好大好大的一個下陷的洞，這個洞有十七英里寬、二百七十七英里長。因爲下陷有上千公尺、所以從上往下走、再往上看，這時名峽谷是恰當的。

從羅省開往內華達，車行二十多小時，依然是昏沉的天地，淸一色是淡墨赭暗的山石。不見北邙翁仲。距大峽谷一二小時車程，漸見一叢叢綠色耐旱植物，仍然沒有中國人所稱作的『風水』龍穴。難道美國沒有死人？美國人不孝順、連帶來美國的中國華僑也數典忘祖，不希望子孫飛黃騰達，作龍袖嬌民、日轉千階？『徒以亡親墳隴未成，日西方暮，豈可圖乎？』鄭玄的感喟，正是千百年來大衆的心聲。美國人大概有預見死人與活人爭地、山上斑斑駁駁：城外土饅頭，餡食在城裏，一人吃一個，莫嫌沒滋味！影響生人心理。生來就是準備死的。每天看到山上的墓地、每天提醒自已：那邊就是歸宿。不祇影響生計，也將影響人格類型。晝短苦夜長、何不秉燭遊。肉欲享樂主義應運而生！要榮耀死人、愼終追遠，對活的人有所鼓厲，中國做得是。所以滿山遍野、死人與活人爭地。死人不得安、活人亦不舒服。中國人做得過火！只重外表形式，模糊了紀念實質呀！美國人可能重視生人至上、又不冒犯死者，一定有一套比中國更完善的規劃。除公墓外、進入地下城堡，或骨灰、或保全屍骨，依生人財力自由選擇。死人一定比活人多，但時代一古遠，三代最多五代，屍骨又回歸泥土，所以山上無主的墓地多過還有血食的。這種無盡的累積、中國政府不曉可有公家的長遠擘畫？或者交給廟宇道觀、和遠古一樣自生自滅？其實替死人計畫就是替生人規畫、並且引導善良風俗。說實在的前人做得少了一點，前人已作古；今人不做，今人也將作古。一棒一棒往下交，今人多不負責啊！死人已注銷投票權就不替死人說話，政客門、你對不起先人、今人、和未來的人。政客們、你是人中豪傑，該做一些千秋事業，時不我與呀！還我河山本來面目，還我優美自然環境本色，有那位賢者願意費心投入？

湖南張家界、我稱它爲破爛山河；想不到大峽谷、比張家界更破爛！張家界破爛還有山河模樣；大峽谷的破爛，像一口極大的池塘、水快漏光了，可以看到池塘周邊高原的沉積層次。像千層大餅、露出不同岩層土壤，形成土壤大標本。石灰岩、砂岩、炭化火成岩、花崗岩、玄武岩等沉積岩層。花二十億年的時光、谷底急流科羅拉多河可能擔當了切割神手。大峽谷是從高原表層一層一層爛下去的。從上往下看是一個大黑洞，有一千五六百公尺深。早在三四千年前、谷底就有人居往，有人從這些叫印地安人的及其早期人類生活用器加以考證、從形狀、花紋、製作方式和用途都跟中國黃河流域相似。幾乎可以確定這些印地安人，屬中國血統，只是年代久遠，已沒有人想要歸宗認祖了。我們的考古專家十分認眞的假定、阿拉斯加和西伯利亞早期相連，覓食的飢民從黃河流域經西伯利亞、再徒步到阿拉斯加、稍後南遷到大峽谷、部份就在這兒定居下來。這些無宗可認的天之棄民，成爲早期英國浪民西部開疆拓土的槍靶子。今天大峽谷裏應該膏有無數紅蕃的鮮血和紅肉，他們英勇抵抗入侵者，白人屠殺印地安人和消滅豺狼虎豹一樣的凶狠。以槍桿子對付戈矛弓箭，殺到最後剩下不多而降服了的當地土著，今天美政府拿來做樣板。叫做被保護的小數民族，從原始主人降爲被保護的弱小民族；屠夫、滅人種族的威嚴天神、教會叛徒、入侵者的後裔，反而成了二百年來紅蕃的主人。劊子手的裔孫一躍而爲紅臉、救苦救難的菩薩。這些早期不死於中國兵燹，不死於流亡，凍死，餓死，殘酷的自然環境沒有淘汰、反而死在爭地而食、爭開發而戰的英國浪人槍下。僅存的在原地繼續蕃衍，今日己有八十多萬人口了。這些人中、如果不幸生出一個美國句踐酋長，號召十年生聚、十年教訓。男女日夜力耕、讓人口數從八十萬增至八千萬或更多，那時可以要求美國政府比照台灣設立二二八紀念碑、將華盛頓改名紅蕃，派人到中國來認宗並留學，從尋根中找到奧援。但可別叫出盎格魯撒克遜豬滾回去！他們能贏你們一時、不能贏永久；同理你能贏人也是一時！何況人家生子生孫、孫又生子的在這已七八代了，一代代埋骨斯土也有二百多年的歷史了，這裏是你們的根、同理也是白人的根，能和平共處是汝福，相互排斥雙方受害，何況有第三者虎視眈眈將漁翁得利呢！是冤宜解不宜新結再結呀！新句踐：人口政策無限制膨脹是可行的奪權重點計畫之一、『百年樹人』不遲哩！

峽谷還在不斷的挖深，擴大。從盆頂到盆底最深處有千五六百公尺落差，處處是懸崖絕壁，據說下或上要花五六小時。峽谷居民、有百分之四十是原住民土著印地安人。峽谷南端仍是處女地帶。如果想粗看全豹，直昇機可以從盆面切入、深入盆中、在半空中肉眼與岩層實際接觸，陽光直射的強烈和照明不到的陰暗、作十分明顯的對比。好比坦率與神祕兩面同時出現在你的眼前，你會不禁低徊讚嘆：造物主啊！我看到了凜然不可侵犯的另一面。飛機在峽谷中溜覽，任何草動風吹、片雲飛起，直昇機都得拉起機頭，高過盆面，不然機身和盆緣相吻的機率相當大。屆時主人要強留客了！

大峽谷大銀幕電影是立體的、和影城狄斯耐天搖地動的效果一樣，只是座椅固定了稍遜色。我奇怪台灣資訊十分發達，到現在還沒引進這類技術，覺得納悶和不可思議。

坐十幾小時的車程、越過大沙漠，只爲看一眼這裏曾經是印地安人紅蕃的棲息地，經過廿億餘年地殼升沉形成的大地窖。可惜一個紅蕃也沒見到，倒是白夷蕃子很多很多、在經營控制這世界級的景點。紅蕃如果不能走出祖先被屠殺的這塊地盤、僅存的五族又不能團結砲口一致向外，想要翻身、眞的要等到牡羊乳子、白馬生角了啊！

回程沿科羅拉多河走，河水滿而不溢、緩慢碧綠，顯然有相當程度的水深。魚多且大、順手一撈、可以五吃或八吃隨你便。奇怪的這裏人都暴殄天物，還是禁獵？否則河魚怎敢膽大露臉向行人討食？列管被保護的動物可眞是獲得大衆共同寵愛呢！大概河岸兩旁百十公尺泥土河水能滋潤到，青翠蔥綠，一百公尺外荒涼獃板，寸草不長。天空依然灰朦朦，偶然有客機從高空劃過、留下一線白外，低沉灰暗，眞像咱們民國卅八年變天前的低氣壓，也像咱台北公家機關辦事人員對民衆的臉色，永遠不開朗。大概美國也快變天了！有水、有土地、只缺人力，商鞅可有妙計？還是沙漠天然的缺憾不能完全征服？

七、舊金山

舊金山街道都呈U字形，兩頭高中間低平。翹高的兩頭不擔負交通往來的任務，只供住戶自己進出而已。街道一樣寬敞，不一樣設計。一丘一丘的繁花鬥豔，各色花枝蹀躞，奼紫嫣紅，獨樹幷標。斜坡崔嵬，S形車道僅容一輛車上下，房屋依地勢建築。早年西部開拓者所乘的馬車、由一老人駕御、在街上不時穿梭進出，大概是招徠觀光花樣。十幾天的旅遊、麥當勞漢堡每天結緣，偶然吃頓中餐、又怕不乾淨、提心吊膽怕鬧肚子，導遊還要在桌數上抽紅，羊毛出在羊身上，飯菜遜色、使我們提到中餐又愛又恨！奇怪，舊金山公園裏、車站上竟然沒見到舉世聞之色變的美國嬉痞。他們反潮流、反時代、反約束，用最粗獷原始的方式放任自己。從反越戰到性的解放，齷齪怪特，這裏正是新刺激文化、反社會、反保守主義的大本營、始作俑者所在地。美國現任總統柯林頓當年也反越戰，拒絕服兵役。這些當年頭痛人物、反傳統的社會接棒者、本都受過高等教育，今日已成爲高層社會的領導者。或高層專業人員——轉爲雅痞了。

戈巴契夫是蘇俄集團的觀世音菩薩，他解散了蘇聯集團，使原本有可能的美蘇核子衝突、同時毀滅的命運得到疏解。戈巴契夫是盧梭信徒：與其讓世界同時毀滅、不如投降敵人、讓敵人統治，以解救兩邊無辜的人民。美國當然大喜過望。超強只剩美國了！南斯拉夫的內戰、美國要管；中東和平、美國要管；中國人權、伊拉克入侵科威特及禁運、北韓發展核武、台灣獨立、美國要管。依古老中國司馬穰且兵法說國雖大好戰必亡。且冷眼旁觀古巴、海地、賴比瑞亞此起彼落的國際事件美國如何包容？韓國越南吃了敗仗的敎訓早忘了。

司馬兵法又云忘戰必危。美國失去蘇聯強大的對手，深深警惕：有必要時時訓練國人敵國外患的同仇心，製造出下一個假想敵：黃禍、就是聚許多戰略專家無端造出來的新藉口，新的矛頭指向北京十二億人口的中國，叫中國威脅論。把對準莫斯科的核彈改方向對準北京。發佈新聞說舉行沙盤演練、二次均被中國突破，美敗中勝。以提高國人敵愾心。當然美國人造衛星廿四小時的監測，和機動的二砲部隊捉迷場。長征二三號所攜帶的核子家當、美國不確切能掌握，『將軍著痛箭、還似射人時』讓美國也嚐嚐核子的滋味。至少可以嚐到被威脅的味道。動用一千萬噸黃色炸藥、不管射華盛頓或北京，把地球炸成二半，永遠那半屬美利堅、這半屬大中國，各不相干，還要再決勝負，那是星際戰爭了。只是太陽不再從東邊昇起，地球不再規律一天是二十四小時，全人類大衆不管胎生卵生濕生化生、都向木星報到。這下子佛菩薩所稱『我皆令入無餘涅槃而滅度之』不著相已實無衆生得滅度了！不祇菩薩成佛、我們衆生也一併成佛。上古秦亡、有人過秦、有人過六國、還不只一過，可是誰來過美國、論美國（或中國）之過呢？中國沒有盧梭信徒、當然也出不了戈巴契夫，觀十六艘潛艇頓時不見、二砲部隊也偵察不到蹤影，二艘核子航空母艦及護航十多艘巡洋艦等是否嫌台灣海峽水淺，不循海峽北上？不在中國勢力羽毛未豐，翅膀還嫩時，頂多送五艘中的二艘航空母艦、幾艘護航艦和一個半片西部海岸平原、來換取中國勢力的消長，美國仍然暫時獨大？

可知今天二砲長征三號百千噸核彈上堂，嚇嚇就撒跑的戰略未必能全身而退呢！耀兵大國家門口、有一天要付含利息在內的代價的。不過我敢相信美國優良文化會在大中國的溶爐裡會繼續發揚光大。被中國吸收、變成兩岸共有、世界共有的新文化！

舊金山金門跨海大橋，全長四二〇〇英尺，吊橋鋼纜直徑三十六又八分之三英吋、鋼纜中每根鋼線連接起來，據說可以繞地球二十七圈半。我們澎湖也有跨海大橋，這個歷時五年、克服暗濤洶湧的吼門海峽，當時各國專家認爲不可能的工程，竟然竣工了。其規模是大巫小巫呢？還是堪稱伯仲？各有優點是不傷和氣的評價。因爲它是遠東第一長橋，全長二四七八公尺。只是非鋼纜吊橋，不同類應該不能比！

舊金山溫差一大就有濃霧，這裏有最熱的冬天，最冷的夏天。加州農產品全年產量佔全美國比例三分之一強。據說眞正加州鄉下白種農夫、交遊不廣，腦子裏的中國人仍然拖著長辮子、抽大麻鴉片古柯鹼、臉黃肌瘦、弱不禁風的東亞病夫！美國資訊比咱台灣發達，導遊大概拿三四十年前、我駐土耳其大使夫人、在外交晚晏上傳出的笑柄，張冠李戴，取笑某些外國佬，肉麻當有趣，以爲中國已經進步到遠離老掉大牙故事時代，表示過去中國人無知、現在是外國人無知，眞是風水輪流轉！導遊編故事、聽衆要有能力過濾。譬如我們萬姓導遊說加州的牛不喜歡吃嫩草，它們從小餵慣了乾牧草；加州沒有黑人、因爲加州沒有鴿子，黑人走路、肚疊胸高、鵝行鴨步，黑人學鴿子走路，沒鴿子就不知道怎樣走路！我們沿海岸山脈南行，但見一大群一大群圈在牧場裏的牛隻，每一群數目都相當龐大，綠草如茵，牛群都安安靜靜的在啃剛長出來新鮮牧草；誰說加州沒有黑人？連麥當勞都有黑人掌櫃呢！導遊的古董笑話，有點自欺欺人。導遊加油！導遊加油！（導遊自謂台彎某校觀系畢業）

星期天，到處是人潮，公園裏、沙灘上人山人海的在晒人，男著短褲女比基尼，晒了屁股又晒肚臍。白白淨淨的彼此炫耀父母遺體。來看煎魚的東方人多過西方客，人人看得目瞪口獃，晒魚的娘兒們反倒旁若無人的在盡情展示美透了。場面有些火爆反而鴉雀無聲。這就叫做色不迷人人自迷，古井無波自衡七尺浪。當地人展示胴體不算穢褻，你死盯著人家不放才是無禮，易犯衆怒，這才是穢褻行爲。火爆是因爲你少見多怪；看得你牙癢癢的。鴉雀無聲是因爲人人各自忙著私受太陽撫愛，烤皮炙肉享受，此時無聲勝有聲！光熱是他〈她〉們共同的情人。有誰聽過去晒月亮來的？今天如果去邁阿米海灘天體營，我們這群土包子觀光客不曉要不要入境隨俗呢！又被人偷拍了照片登在花花公子雜誌上，你可要揚名四海了，你是要告人家呢還是向人家討版稅、或者乾脆回來再拍寫眞，一併留作永久記憶？郊遊和跑遊樂場所，吸去不少青年男女。從前主日上敎堂，彼此觀摩學習的時代好像過去了。電腦的挑戰、聲色犬馬的玩樂等等代替社交。運動場上也逮住不少喜愛肢體語言的男女老少。這一代的美國人似乎在肯定精神食糧的來源和供應、不限定侷促在教堂和牧師小領域。從前主日崇拜列爲必修課，教堂影響他們成熟與否的健全人格類型和人生觀與服務觀。今天從多媒體中各方尋尋覓覓，或緊張打拚而忘了自我，道在天體營、海灘、足球比賽場、流行音樂會、卡拉Ｏｋ、跳舞、露營中。在這裡他們找到了生命的活水，找到了生活的一大部份。已經很少人把宗教看作成就自已唯一途徑。他們不怕煉獄的到來。上教堂、他們認爲那是牧師和神父的事，不把教堂放在心上，甚至會說上教堂沒趣味、悶得發慌！還有更糟的、有數以千計的傳教士寧願雙宿雙飛，追求人類的愛情而放棄神職，夏娃的嬌癡嗽聲勝過上帝的靈性呼喚！路得派是允許一面抱愛人妹妹說人間情話，一面傳達耶和華神愛世人上帝的福音。美國人似乎對宗教普遍缺乏熱忱。當然能煽動民衆如大衛教派，（日）麻原教派，讓信徒視死如歸的也不多見，他們只是隱藏在社會的某一角落，只讓少數人分享他的福音，不能攤在陽光下讓大家檢驗他的眞實性與可靠性，麻醉多數人只能一時、卻能永遠控制小數人。宗教變得神祕兮兮。正統宗教發展於是搖搖欲墜！加上前代傳達神的意旨時所使用末日恐懼漸不靈光，傳媒又大肆渲染神職人員的醜聞：雞姦男童、攪同性戀、誘姦婦女徒衆、人前神聖高潔、人後鬼魅低賤。這些極少數的壞榜樣，使得天下做父母的、不再以身作則、按時到教堂彌撒，甚至縱容子女另作別的活動，或讓他們在家睡懶覺，不讓他們上教堂。很多天主教信徒公開說

〈只要憑良心做事、不必勞教會的教條約束〉，這才是宗教的眞正沒落。人們以良知游走法律邊緣，終有一天這有二百年立國精神的美利堅合衆國，也會淪落到和我們台灣一樣：青少年人的迷惘，中老年人憤怒失望。一旦肉慾主義抬頭，〈我倆沒有明天〉、也許四十幾位總統苦心經營的基業會爲之鬆動。民間良知夠好、社會道德積蓄夠厚，當年的嬉皮反一切傳統、反時代潮流，沒有把政府拖垮；這些叛逆份子結婚生子生孫，他們會看到下一代比上代更靑出於藍，更不負責。同性戀爭取到結婚權，社會良知再次受到更大一重衝擊。人性中只存物欲、享受、美國的核子傘未必能保護得住這二百年基業不垮、榮華大帝國的幻夢不醒啊！

八、美國加州的倫敦橋

英國政府要拆除老舊的倫敦橋，主事者突發奇想：將橋拍賣，既可有一筆不菲的收入，又省卻拆除經費。天下也眞是無奇不有，一個是把地方的不動產——老橋拿來當貨物賣，瘋子才會出這個鬼主意；一個是花一百萬美元得標，是一百多年前的一百萬美元呢！傻子才出得起這價錢買這爛攤子、又擺在那裏？我猜新教叛徒從東向西拓荒，人數日益加多，西部的河山大地荒涼，到這絕境不吟『斷腸人在天涯』的、一定是鐵石心腸的硬漢。密斯史可能因拓荒致富，爲回饋家鄉祖國、又讓遠方遊子隔關山大洋能望橋止渴，所謂胡馬依北風、越鳥巢南枝。北風南枝比望橋思故鄉還抽象，密斯史有錢、思故土感情又比一般人更深，英國政府主事者看透流浪者寂寞的心，流浪者要顯現外出致富遊子回報母國的熱情，一拍即合。他們依倫敦橋原樣、即使一磚一石擺設的位置、先編號拆卸，運來加州、再依樣建造起來，不知多少遊子因是橋的模樣得到心靈的甘露、好比故鄉母親的手親自撫摩這些長年他鄉作客者的頭、心中千萬擔的鄉愁、目睹故鄉就在眼前，日復一日、年復一年，因有家鄉的橋作伴，美洲客在這裏〈落草〉了，樂不思蜀了，一代一代於是安居下來。橋完成後再引水造河，不然豈不成了陸橋！橋下水深也是經過設計、擔任全美國水上訓練基地。這座橋今日不只供世人發思古之幽情，也擔負起實際交通任務，大型車輛穿梭來往進出十分頻繁，橋仍然安穩如山。密斯史斥資建橋目的我想有三：藉名目捐助回饋故鄉；安撫極地遊子思鄉情結、一如中國漢劉邦皇帝安撫乃父、將家鄉整條街道人與物遷來長安、依原來模樣建造、從此太公樂不思蜀了；保存古文物、連帶使自己留名。懂得用錢之道啊！從前有一部電影叫魂斷藍橋的、據說就是在這兒拍的，此橋因此名揚四海，美加州的倫敦橋響過英倫敦新橋。學豬叫的人評分高過揪豬屁股眞豬的叫聲，裁判大概聽慣了學豬叫帶人味的豬叫，反倒不習慣貨眞價實眞豬帶豬味的豬叫。另一個說發善施粥、〈修橋鋪路〉是發善的行爲。也可聊備一說。

思鄉那是第一代浮海遠遊人的專利，富貴不還鄉如衣錦夜行，一個嗚喑叱吒的風雲人物都有情怯的一面。下一代二代他鄉落籍的子孫有多少還認識來時路？用數典忘祖重話責備他們是不夠切貼。人都安於現實，那個地方生存條件好、很自然的人人攜其父母妻子來定居了。中國從上古匈奴、五胡亂華、蒙古、後金、像擠牙膏一樣向南發展，擠出來的牙膏幾曾再回到牙膏筒裏去？美國人口駁雜，英國壞丕胎後裔約佔總人口百分之卅九強、德裔有廿個百分比、非洲黑奴後裔不到百分之十、法、意、瑞典、荷蘭、波蘭裔合起來佔廿個百分點、剩下來的是印地安、愛斯基摩的百分之二點六、中國、日本合計只有零點七左右。這些天南地北的四方英豪、生活方式可能還各有保持，精神層面已是新家庭有新凝聚力在認同彼此了。我們的長官還在夢囈的說我們儲才異國，待反攻他們會回來共赴國難的。太抬高華人的情操了！當年我們怕死逃離了家園、今日他們也怕死逃離了第二家園，人之常情啊！即使有一天洛磯山不再冰凍，海岸山脈水源涸竭，三千六百萬人口爲逃水荒作鳥獸散，你向他們招手說：中國、台灣、歡迎回來。別做夢，美國還很大，他們不會回來的，就像我們過慣了南方生活、有幾個南方佬會帶著興奮的心情回洛陽、開封去設籍的呢？除非中國強大，經濟條件也好，又有黃河、長江、珠江、瓦魯藏布江等大水源不愁匱乏飲用的水，加上中國人有更大的包容心，不用宣誓效忠、來就收容、生活條件必使人人仰足事父母、俯足蓄妻子，文化科技、精神文明方面有很大空間彈性讓你發展和滿足，到時用得著招手嗎？天下是天下人的天下呢，去去來來，人往富足走、水往坑洞流。增廣說：貧居鬧市無人問、富在深山有遠親。是天下人的通性呢！

在倫敦橋上走了一半，拍些照片存證。來往車輛多，可見是橋已擔負起溝通運輸的實際功能，不只觀賞讓世人發思古之幽情的倫敦故鄉古物，或者是著名的電影魂斷藍橋拍攝所在了。

九、嚇氏古堡

在中國蘇州有一所私人花園，十分雅緻：菡萏飄香、風擺荷葉，舞榭歌臺可想曾經融融春光，繁花似火、柳綠碧池，樹密濃陰、香風處處。是一個大貪墨客的傑作，叫拙政園的。他是前朝官員，歿後無人繼承，由政府接收，派人管理、並公開售票展示林園之富，不曉對參觀者是一種警惕，還是鼓厲？加州也有一座私人古堡，想當年歐陽修知滁州時、要他的公園處長在他所築的醉翁、醒心二亭遍植花木。部屬請示州牧需種何種花木？歐陽修提筆寫下最富彈性的絕妙手示：

淺深紅白宜相間、先後仍須次第栽；
我欲四時觀花去、莫教一日不花開。

把傷腦筋的問題丟還給公園處長，事實上也是吾不如老圃嘛！歐陽修要的是四季不定時到琅琊幽谷醒醉二亭來喝酒賞花看景，種甚麼花心中沒有底線。若指定死了，萬一花不開，過錯不一定在有司啊！這種充份授權，完全信任的做法，使部屬有很大的發揮空間。我想古堡主人一定十分尊重他的園丁。黃橙橙的柳丁掛滿枝椏，入口處就讓你覺得特別。從山下婉蜒而上，眞的九彎十八拐，委蛇長路，視野遼闊，可以鳥瞰東太平洋粼粼柔順和藍天一色的海水，可以正視嚇氏個人專用的碼頭，廣大綠野從高處幾近四十五度角入平原，從山上看山腳下牛群小如蟻集。古堡主人是報界鉅子，擁有廿六家報紙，也是米高梅前身影業負責人，有八家電視台。也曾經被朋友哄抬出來參選總統。嚇氏所經營的古堡，佔地二十四萬英畝，有露天游泳柒，週圍雕像十多座，美女或側立、或半卧、嘴角含笑，羊脂白玉般的肌膚，似乎甫出浴水濱小憩。美哉神女，栩栩如生，出自法名家刀勒果然不凡。循階而上參觀嚇氏的書房、套房、工作室、圖書館、貴賓室、大客廳、撞球室、電影館、宴客廳共計一百零五間。全部意大利建材，西班牙式灰牆紅瓦，深具地中海特色。濃厚表現西班牙、墨西哥和加州古老建築的綜合。（到現在爲止還沒見過加州的建築物有用琉璃瓦或用上釉的建材）嚇氏一九五七年辭世，其子繼承產業，因古堡積欠鉅額稅金，遂將古堡全部無條件捐獻給加州政府，州政府即以嚇氏原貌，包括嚇氏生前購自英、法意、德世界各地古玩珍寶骨董、名畫、藝術雕刻、銀餐具等等原地不動展出。州政府提供交通工具、現場展示、有解說服務人員。門票一二．八美元。嚇氏生前生活奢侈，觀其室內游泳池以黃金葉片舖地，三步一名花，五步一珍果，露天廣場的擺設，都極盡豪華能事。子孫不能保有，徒供後人憑弔唏唏，嚇氏在地下可有知乎？

十、優勝美地

印地安人稱作大灰熊的，翻作中文滿有意思，叫優—勝—美—地十分誘人的名字，也十分誘人的名勝。听過好多人說：來了美西不遊YOSEMITE國家公園、終身遺憾。和妻幾經商量決定一遊。這個公園位於加州東部中間近內華達。古木森森，參天筆直，三四人合抱的紅杉，褪了皮，光溜溜的，一株二株三株好多好多，又高又直又密茂。完全天然自生自滅。走了幾天死寂荒涼毫無生氣的美西大沙漠，美利堅遍地黃金、好風好水、夢中世界、人世天堂早已幻滅。也許飢者易飽，渴者易飲，這又不是海市唇樓，的的確確是一座大森林，果然大喜過望，精神為之一振。據說這裏平均二百歲的紅杉、松柏遍地都是。也曾發現二七四〇年高齡的杉木。其美可和我們台灣溪頭相比。參觀客至此沒有不嘆造物者的仁慈。在絕境不毛之地、離海平面二〇〇〇至一三〇〇呎間的山巔，釀造出這麼一個叫絕的美麗山河。這裏一切受到國家保護，完完全全自然生態。我覺得保護過了頭，譬如說紅杉野生太密、不利生長；有一大片森林前年被火燒了、剩下光禿禿的黑色杈椏或長長的焦幹，一大片、好大一片焦黑山林，講求自然，拒絕人工培植。三年了、要讓自然生長、整片園林的復活、太慢了，沒有三五十年、不可能恢復常態！也就是說今後三五十年間來優勝美地的遊客、得忍受上無片雲、下無生意的沙洲後、還要看後天摧殘的火樹林劫後災景。在台灣、政府這樣做、一定會被民意代表強制主事官員下台。尸位素餐是罪名確鑿。外行判內行有罪也一定廣被民意接納。過了火樹林，景點之一——新娘面紗。是一塊數百公尺高略呈正方形的大石頭，正面側兩面是絕壁，石山頂上仍然白雪皚皚，鄰近山頭也是一小片一小片強光反射閃爍耀眼的厚雪，我來時間是四月廿七日一九九六年。若不是在這雪水融化、匯集成強大衝力的大瀑布下膚受凜烈寒氣的威力，你不會相信那是深雪所化的水！就在冰泉不遠處、殘存的白雪仍然有二公尺以上的厚度。十分堅固。這是優勝美地國家公園平地上呢！證諸山頂上的銀光燦爛是白雪無疑。瀑布分三段、聲勢如萬馬奔騰，水流湍急，能帶動巨石，犀象不慎、若捲入急流、也將立成齏粉。我在台灣花蓮白楊瀑布下見過、三層樓高的巨石，在河川上滾動呢！這裏像孟冬寒氣至，不敢久留。有一對美國年輕夫婦帶了二個寶寶來，因爲太冷，凍得小孩大哭，夫婦兩人只顧讚嘆天工的美，罵小孩並且各挨了一巴掌，小孩還是直打哆嗦、還是哭。

不忍心看下去，趕緊離開、自己第一、小孩其次、巴掌伺候。這個個案、當然不能代表今日美國成年人的生活觀，只怪風景太迷人了！

歸途中、一路上道路兩旁、處處可見一大片一大片未溶化的積雪，直到牧草遍地、山無林、成千上百無主似的牛群在啃新鮮牧草、才算脫離雪的視野。下得山來、進入另一片人造的山河世界，據說這一帶是加州農業畜牧中心，矮鐵絲網分隔了你和我的勢力範圍和牛羊所屬。矮葡萄園、沒有圍牆、沒有鐵絲網、也沒有田塍作你我的分界標誌，人工噴水、綠野平疇、不是瓜果就牧園、把大地整個籠罩在一望無際的綠衣下。風力發電、滿山滿谷都是輔助器材、像大電風扇在轉。好像要吹動大地、製造風雲。美國、核能發電成本低、爲何還有人攪小型的風力發電？難道美國人民也和咱台灣人民一樣覺醒反對再興建核能發電？還是人家自由、老子愛怎麼攪就怎麼攪？多方尋求馬力能源、應是正確的政策。類似高速公路兩旁栽種濃密的花叢，一段紅、一段黃、一段純白的花、一段純紫色，車輛飛馳在其中、繁花鬥艷、過眼即逝。腦際仍殘存或紅或紫的鮮明顏色和車子一同奔馳。路旁大約每隔一千公尺即設置電話機一座、依地區編號、車子跑錨或出了任何狀況，只要你說出前面英文字和里程數目，立刻可獲就近支援。馬路平直乾淨、記得日前馳往賭城的公路、每隔若干距離、就有一段紫紅色矽礦的路面、問問才知道有降溫作用，讓輪胎久經沙漠酷熱摩擦、暫時冷卻一下。

加州沿海岸山脈、天氣涼爽、不必這類設備。

美國一分鐘也要死若干人、但不見死人與活人爭地的驚心景象；神廟道宇各據地盤、也不多見。表面上河山是河山、街道是街道、住宅區是住宅區。沿街叫賣的小販一個也沒見到；五步一岡、十步一哨的警察不可多見！馬路清潔溜溜。垃圾的處理，只要將它封好按時放在屋前，自有清潔工人前來搬走。最先我以爲密閉式的遊覽車是防止遊客亂丟東西的根本所在，車窗打不開、想丟、沒機會！後來發現不是，連我們這支聯合國散漫無組織的車隊、來自世界各地的公民、都能入境問俗：既不吐口水、也不亂丟煙蒂、紙杯、衛生紙、寶特瓶甚麼的。人人都是好公民！果眞逾淮之枳變橘、人格類型有這麼大的差別！美國洗手間一號多備有厚紙馬桶套、方便用蹲、不敢坐的男女寶臀用的，洗手台備有清潔液，大部分地區包括大學、車站、觀光地區、旅店、百貨公司、軟體設備大同小異，大家都養成愛護公物、注重公德。當然絕不是全美國都是這樣高水準。我到過好不過台北新園、甚至連大陸長城景點都比不上的蒙特利公園，又髒又臭，可媲美五六十年代台灣公廁。我曾親見到老美偷偷丟煙蒂，也听到美國人逃漏稅的例子。一樣的山河、一樣的資源、一樣的陽光、一樣的民選官吏、美國能、台灣不能，金牛需要鼓厲。金牛經營的頭腦勝過千百倍你我凡夫。管仲、桓公允他有三歸，過和桓公同樣奢侈的生活，桓公九合諸侯、一匡天下。孔子評管仲時還說〈民至今受其賜〉。二百多年了呢！麻雀、老鼠抓完了、糧食未必增產。天生萬物養人也養老鼠。蟑螂與人同在、無損人與蟑螂。儘管你見了老鼠和蟑螂就叫殺，你和它們不兩立，他們還是存在。不存在你那兒、就活動在這裏。人性中有貪的因子、有懶的成分，中外相同，就看頭家人民和社會如何縱容他、鼓厲他。讓他隱藏壞的劣根性，好的善的拿出來爲你我大家服務。美國郵政和國防、入選的財閥多有建樹。千里馬要有王良、關老爺、岳飛等強人才能駕御。駑馬十駕也能和千里馬同功。伊尹的〈何事非君，何使非民〉正是其意。魏太祖用丁斐，人謂曹操言聽計從丁文侯的不是，因爲丁斐貪瀆無厭。曹操說我知道我知道，好比人家有盜狗而善捕鼠、盜雖小損而完我囊貯。爲政之道，民可使由之，不可使知之啊！人民的眼睛是雪亮的；百姓是頭家。誰說拍螞蟻般的大衆馬屁沒有用！挾民意以令天下孰敢不從呢！人民一知半解、政教易生阻力，容易被劣等政客所利用，凡事掣肘、持反對、想要一任三四年間見到政績，何其難也！何其難也！舊金山沿海岸山脈，綠野平疇，大地像一塊大絨布，綠的碧綠，黃的金黃，閃爍著一道一道的亮光，古人說以天爲帳，大地爲褥，依山勢走向，你看圓圓的美女大屁股正躺在那兒呢！美極了！馬路兩旁、因季節水分不同，花花草草像僧家百衲衣。青色、鐵鏽紅、淡黃、小白花、小紅花、夾雜不長草的沙地，我叫它做破爛布的栽植。這一段景異於舊金山南段，花草生長離地面三五寸而已。都是沙地、能有這成績已算不錯了。

十一、蒙特利灣

蒙特利灣本是漁村，面對太平洋、遼闊的洋面、常帶微笑的灣流、波光瀲灩。海鷗、信天翁像家禽、向遊人討好吃的食物，只要妳將食物放在手上、一隻隻在妳頭上盤旋的鳥兒就會翩翩而下，有禮貌的把頭偏一側，好像先向妳問安、然後溫文儒雅的飛入妳掌中啄一粒試試看味道，覺得不錯、它會再來。它們盯人的技術是一流的、妳手上的食物餵了這隻、妳想再引誘其它的來分享妳身上的芬芳，那是妳自作多情，人家是不來上當的。滿專情的嘛！我是旁觀者、我知道鳥兒滿霸道的，它們彼此認定是你的我的以後，是不容許另隻鳥兒插花分享客人的賞賜，否則有好看的，等會它們在空中打架、正是在爭風吃醋了呀！不祇鳥兒和人親熱，野鹿在你家門口自由進出，沒有人鼓吹鹿茸、鹿鞭、壯我旦旦而伐之的聲勢、補過度侍候愛人同志的疲肢。鹿血是大恩物、可也救不了同治皇帝蓄意傷生母慈禧的心、日日夜夜胡天胡地睡在女生肚皮上。藥可治不死的人呀！一群海狗在海灣水濱嗚汪嗚汪的叫、看的人愈多鬧得愈兇，一秒鐘也不得安閑。一群青少年男女在公園馬路上表演單車騎術，用一個輪子跳、不以一個輪子轉動、像馬、狗、熊、土撥鼠用後腳站立走路爲滿足，人騎在腳踏車上，前輪高翹，然後一級一級跳台階，或往上或往下用單一輪子跳。演出滑板溜冰，青少年們樂此不疲。以運動宣洩過剩精力、其犯罪率必然下降。

政治所以是藝術，用禮樂、或宗教、或音樂。以禮、樂、射、御、書、數多元化吸引各階層參與。把全民運動起來，中國古代六藝教育是相當藝術而且有效網羅不同年齡、異樣智商和性向的活動。領導階層行有餘力的時候，不妨多著力動員全民的方案上下點工夫，畢竟群衆是需要帶領的，所謂社會風氣端賴一二人的領導，一點也不錯。無主的野鹿可以在這裡和村人和平共存、因爲它不屬任何人、所以不可把玩、只能遠遠欣賞，小尾巴不停的揮，一邊覓食，一邊注意來人，任何風吹草動，小鹿都有動作。古人形容忐忑不安如小鹿撞懷，又愛又怕的樣子十分傳神。詩經東山篇載：町畽鹿場，熠燿宵行。那是指出征軍人思家，妄想家園屋旁荒蕪，已成爲野鹿出沒的地方了。今天村人千千萬，車輛進出也多，容得下人不飽以鹿肉大餐，狗貓也不侵犯，實是奇蹟。公園廣場有五六個看樣子像西班牙裔的音樂愛好者，在自吹自擂自唱熱情的西班牙情歌。沒人圍觀，當然也沒掌聲。他們也旁若無人似的在賣力演出、只供演出人自己品味的歌鼓秀。零零落落的男女，或有女懷春，或士之耽兮半露的躺在草地上晒太陽。家家外戶雖閉而窗明椅潔、室內陳設、一目瞭然。全村都是矮平房、前院後院、起居室、客廳、小餐廳及車庫，大同小異。沒有鐵門窗、沒有圍籬，只植些花木作分界，約略估計、每家七、八十坪上下。整齊雅潔。很多青春美貌的電影明星對魚港發生了興趣，選購與鹿同居。寧靜單純的理想世界，路不拾遺、夜不閉戶、和中國上古的所謂堯天舜日甚至更古早葛天氏之民的世界應相去不遠。不過房價卻因有戲子來儀而日飆夜漲，已非凡夫俗子敢夢寐以求的了。（據說距舊金山二小時車程的房價、五、六萬美元而已，橙縣二萬新社區二十四五至卅幾萬、魚村因有鳳伴，已飆到千萬美元的價位了呢！）

世外桃源一旦公開，附庸風雅的玉堂人物、裝騷弄墨的喬才、一定趕往武陵源爭先獻媚仙子；聞風而來的蚤蝨臭蟲，包讓警察不止一天頭痛。果爾、不必等鄧小平下令釋放出中國一半人口，美國西海岸已自己騷動起來。又果眞有一天中國五六億人口向東開出、即使只有十分之一二成功踏上新大陸、夠了，美國西海岸東太平洋必海盜出沒無常，房價落到廿萬，十萬，五萬三萬、誰有膽量買？喜歡玩兵的美大哥，叫你們船橫纜斷、寶刀缺口生銹、不堪磨損。而來者中又夾雜著乘亂撥做的東洋鬼子，舊稱倭奴的；南洋土著；菲澳流民。曾經予取予求、強行勒索世界的上帝與魔鬼化身的美國，不必核子，也讓華盛頓的子民嚐嚐波士尼亞的滋味。那用勞動二砲部隊，已降你們爲次等強國，降你們爲亂國，你們人口一下子暴漲到三四億，黃多於白（番子），台灣不必談歸屬已自有歸屬！世界各國不必害怕美國人的始亂終棄了。台灣不需要你們最先進的防禦武器，你們想賺台灣人的錢、用你們提供的強大威力武器，假台灣人的手，屠滅自己人，太陰毒狠辣了！廿一世紀的中國人、請冷靜覺醒呀！別被人分化利用了，做了美利堅的馬前卒啊！美國的世外桃源不只一處，來呀，綁牢咱們船隻，算好潮流風速，留意氣象，藍螞蟻來陪你美國老大哥們玩了。

十二、結　語

這十多天住在二萬鄉下。發現大部分家庭白天都是唱空城計，我和我的愛人同志起得早，行行重行行，走遍了這迷魂陣似的村落。我在設身處地的認眞考慮，在想：如果今天我兒子也在美國生了根、我做了美國爺爺、可以隨意住下來，住？還是不住？還是來喝喝美國便宜鮮奶就回去！新五子假設我都有了，也能說華盛頓的〈京片子〉、和二三子友人志同道合、不會寂寞了吧！才怪，自己是安全舒適了、也免於恐懼了、我還是覺得不夠。我覺得自己好像被自己國人遺棄了，自己遭到自我放逐，自我意識雖然存在、咬手指頭仍然會痛，但我活得不像我。儘管有工作、朋友、緊張生活會忘了作客的悲哀，儘管我能免於一切恐懼是高出還留在國內的同胞許多幸福；我有値得向自己同胞驕傲的地方。我還覺得自己是暫時的栽種：雖有根、但不是故鄉的泥土；雖水與陽光都能適應，但我的子子孫孫將被同化；將爲外國人效命；將和自己母國爲敵！除非能像漢高祖待他老子一樣，把新豐老街連人帶物搬來，讓我覺得杭州汴州、長安新豐沒甚麼差別。否則、我還是要回去的。我沒有比別人更愛國，猶之夜夜課堂入夢來職業教書病症候群！只是習慣了又髒又亂的大環境，雖然自己不會製造髒亂，甚至厭惡髒亂、批評髒亂，我還是喜歡自己家園，還是喜自己的子子孫孫永遠為中國人，為她盡一分力量。

美國是地大物博，的確自由民主，人民安居樂業，社會欣欣向榮。執政者當然以維持二百年傳統世界唯我美利堅是聽為職志。就像猴群容不下雙雄，虎狼螞蟻雄師也容不下可與競爭的對像。美國容不下德意志、日本軍國主義、蘇維埃俄羅斯及今天的中國是可以理解的。因為美國領導人有強烈殘存猴狼螞蟻等動物獨霸性，天有二日的時候就是鬥！德、日、蘇聯鬥倒了，現在只剩下中國了。於是中國威脅論、黃禍出了籠。圍堵中國也付諸行動。寶刀用老了、缺牙太多了，欲抵擋新發於硎的中國利刃，看廿一世紀究竟是誰家的天下！等著瞧吧！

美國西部天空不如想像的清，空氣不如想像的好，美國人民的無知不比我們遜色，美國人的貪婪鑽懶幫閒比我們有過之而不及。然而人家有二百多年的生聚教訓：生聚者集天下聰明睿智於一國、又都是中產以上的人前來效忠，焉有不富，焉能不強；教訓者、教以美國至上美國第一，從宣誓日起，沒有祖國情結了。加上從南北戰爭後、本土沒有戰爭，所有戰爭都在境外；沒有天災人禍。沒有軍閥，沒有大貪污、沒有黑道白道干政。公僕都能奉公守法。共同維護民主精神。往後執政者只要出現一個獨裁的總統，又顢頇無知，與大國結仇，輕啓戰禍，美國的瓦解，只能說是天數，不能說是民主自由、政黨政策層面不適合世界潮流！氣數有時而盡呀！可不知道是美國呢還是地球世界——此恨綿綿無盡期呀！

聖賢，可以效法嗎？

孟子鼓勵我們大家說：你們中，只要有人肯效法舜、禹，你就成了今日的舜、禹。有好的道德和修養。可是，二千五百多年來，有幾個人肯認眞去做爲聖、爲賢，自比聖賢？如果有人膽敢以舜、禹自喻，不但不容於當時，就是千百年後，也有人笑他癡，有人罵他狂。孔、孟好名：孔子說：一個人一生的努力，不能搏個後世留名，那該是一件多麼遺憾的事！孟子也說：我恐怕免不了也和那些鄉巴老一樣，終此一生與草木同朽了！孔孟的好名，使孔子注重修身。由立、不惑、做到不逾矩聖人的境界；孟子亦由私淑孔子，做到不動心，養浩然之氣，知詖淫邪遁之詞，配享血食。所以說，好名不是壞事。只是應當先看看本身條件，適於立功呢？還是立德、或者立言。然後專心一志的去研究，用一生的精力去鎚鍊他，終必有一些小成的，再說，有心求善，一定不願意在自己人格上留下半點瑕疵，所謂修身，是連帶的工作呀。孔子有：宋桓魋想要加害於他，自信有德，不當死於非命。孟子不責怪臧倉的毀謗，以不遇魯君爲天意。孔子以有德者自居，沒有人笑他迂；也沒有人毀孟子效顰的醜。但當孟子說到：「當今之世，舍我其誰。」的時候，二千幾百年後仍可聽到嗤聲。這大概就是孔子所說的：「其言之不讓」吧！但有幾個人體會得到孟子的「不得已」呢！所以陳澧說孟子仍不離乎狂狷。而管仲、諸葛亮、陶侃、張居正、周濂溪、范滂、管寧、顧炎武等人，尚可入或清、或任、或和的聖域。亞聖爲狂狷。孔子曾嘆不能見到聖人，不能見到善人，能見到有恆心的人也就不錯了，這是退而求其次的想法。吾黨小子狂狷，是不是也算孔子求其次的做法呢？

生在後世的人，胸襟容不下古代賢哲，像孟子，有人要刺他，有人要刪他，有人要疑他，難怪世上沒有人敢以舜、禹自命了，如果有人以效法舜、禹自命，必然有人恥笑他「不知自量！」這大概是自己努力不夠，進德無路，而又怕人家賢過自己吧！王安石父子，就曾立志以聖人自居，但他所受到的打擊，蘇洵諷爲姦；程頤責以心術不正；楊愼罵他古今來姦臣之最；王夫之直斥爲小人。而安石呢！笑罵由他笑罵，聖賢我自爲之。他做了一首詩說：「衆人紛紛何足競，是非吾喜非吾病，頌聲交作莽豈賢，四國流言旦猶聖。唯聖人能輕重人，不能銖兩爲千鈞，乃知輕重不在彼，要之美惡由吾身。」是他表明自己的心志，從聖賢自許。「文章雙孔子，術業兩周公。」范鏜頌安石父子德業，王安石亦以爲當之無愧，他這樣看重自己，有何不可！孟子不就是聲嘶力竭的鼓勵人說：「有爲者亦若是。」嗎！我常想：王安石當初如果能禮遇賢者，新法實行之先，不妨私下拜訪韓、富、歐陽、司馬、蘇、曾、黃等一一求教，虛心接納他們的意見，或私底下輸導對方，把功勞分讓大家，北宋局勢，會爲之改觀，新法一定能夠徹底施行，徽、欽二帝蒙塵幾爲不可能的事。記得明朝思宗皇帝在萬壽山上自縊前，曾說道：「朕非亡國之君，諸臣皆亡國之臣。」又說：「諸臣誤朕，朕無面目見祖宗。」這應當由宋徽宗、欽宗皇帝來說。明崇禎皇帝是不夠格說這些話的。宋徽宗、欽宗皇帝在地下有知，應譴責歐、蘇等說：你們這般士大夫們，平日只懂得口誦先王的遺言，服先王的法服，教人行仁由義，師法孔、孟，就不能做到看見別人有長處，如同自己的長處，別人爲聖爲賢，自己打從心裡深處起，喜愛他，你們嫉賢妒能，不相和氣，使我這大宋皇帝做俘虜、老死番邦，子孫差點絕祀，你們這般賢大夫們，是不能辭其咎的啊！

士大夫的不和，由於忌刻，至使阿比結黨，只要是同路人，所行皆對；異己者，一舉、一動都錯。北宋新法不能實行，固是北宋臣民人等無福消受預期的太平，更重要的，影響到後世，怕得罪名教，誰還敢在讀到聖人的教言就大張旗鼓的去踐行呢！蘇軾試：「今日有書不讀爲可惜。」我以爲讀了書，不知道去篤行，才是可惜哩！

六十五年十一月九日于永和

阿玄

阿玄姓吳，剛交六歲，瘦瘦的個兒，有力的胳膀，用不完的精力，和會講爲他自己錯誤辯護的小口，雖然還沒有進國民小學，但已能熟背一年級的國語課本。〈麥田裏，小麥黃，農人割麥忙……〉〈春天到了蝴蝶忙，你也忙，我也忙，大家穿上新衣裳〉。〈上學校，上學校，走路不爭先，大家秩好。〉把整本課文當歌兒唱。有一天，爲了玩積木，與比他大四歲的姊姊大打出手，姊姊不支，倒了，哭了。阿玄常聽媽媽說：〈弟弟打姊姊就是不孝，姊姊大，弟弟小，弟弟不敬重姊姊，就和不敬重父母一樣。〉阿玄怕了，也哭了，並且飛也似的跑到媽媽身旁，擦擦眼淚……問媽媽說：〈有人打姊姊，弟弟該不該幫姊姊？今有人打阿玄，媽媽幫不幫阿玄？〉說著說著，鼻孔裏呼嚕呼嚕的發出響聲，等媽媽回話。臉上浮現出一付誠懇的樣子。媽媽的母愛，媽的萬種柔情，天性的抱起阿玄，並以保證的口吻說：〈媽疼玄玄，媽當然幫玄，是誰欺侮了你呀？快跟媽說。〉〈姊姊，我沒辦法幫姊姊，是阿玄和姊姊打架呀，媽說過幫玄的。〉媽媽明知阿玄力大，準又是欺侮姊姊，只是有言在先，也就不加追究了。

下了幾天雨，路上到處是積水，阿玄和他的玩伴盡情的在泥中滾，水裏翻，一襲新衣霑滿了污泥，手腳頭臉，活像小黑炭團，興盡了，這才想起媽一再諾誡：〈不准與臭頭三和小太保黃寶萬一同玩。〉媽說：〈臭頭三一臉傻相，滿身疙瘩，提到洗澡就哭，好像他媽要宰了他似的哭死叫活，人家丟在垃圾筒裏的瓜果，他挑揀了就往嘴裏送，臭頭三不講衛生，不要和他一塊玩；黃寶萬專門愛打架，打嬴了，把人家當馬騎，也不管人家哭嚎喊叫，輸了，搬石頭打人，蠻幹到底。再不然就賴在地上，說人家打傷了他，要人家的父母帶了〈兇嫌〉親自上門來道歉，一個不提防，就給小朋友一拳，人家父母總是礙於一般情份，叫兒子捱了算了。還有黃寶萬規定這幾條巷子的小朋友每天必須送他一點好吃的東西，那怕是豆腐干一塊，花生米三五顆也要，不然，他就想辨法整人，黃寶萬壞，只會欺侮小朋友，不好好讀書，不要和他玩。〉阿玄想：〈媽是大人，大人說的話應當沒有錯，可是臭頭三並不如媽說的那樣髒，臭頭三說：「人家不要的瓜果，丟了，只是部份壞了，沒壞的地方還是可以吃呀！」大人總是喜歡看人家一點壞就等於全部壞，我倒以爲臭頭三很懂得生活呢！臭頭三唯一的壞處就是：和人打架時，專門用臭頭頂人家的肚子，至於黃寶萬嘛，從來並沒欺侮過我，他也沒有欺侮過姊姊，他和姊姊一樣大，姊姊討厭他，罵他，他最怕姊姊，姊姊和黃寶萬同班，都是四年五班，姊姊功課棒，黃寶萬有求於姊姊，要姊姊教他，姊姊不理，他把人家孝敬他的豆腐干，花生米，一包一包的強向姊姊書裏塞，姊姊說不要，但也沒有丟掉，回到家裏，我們姊弟開始〈分贓〉了，姊姊樂，我也樂，可是姊姊就從來沒有理過黃寶萬，教過他一題習題，代他寫一頁國語，黃寶萬也從不灰心，三天五天照樣〈孝敬〉姊姊一些東西。媽說不好，我才不信呢！〉小腦筋一再盤算，一再抗議，一再找可以免打的理由，到了家門口了，猶豫再三，終於〈媽〉的一聲，以十分傷心的調調兒哭了出來，儘管眼淚不多，閉緊了眼睛拼命擠，用力擠，淌下了三滴兩滴，讓它自由的掛在臉上好了。媽出來了，手裏拿著鍋鏟，腰際圍著半新不舊的圍裙，滿頭大汗，一望即知她是在爲家人準備午餐，看到阿玄那副狼狽相，也不曉得那來的怒氣，一鍋鏟往阿玄小屁股上打了下去，阿玄眼快躲開了，並且放聲哭著：〈媽，阿玄沒錯呀！是修路的伯伯到處都鋪設柏油路，獨獨我們這條巷子不舖，前面的李大叔，騎了一輛大〈不不〉車，［嘟］的一聲，又是水，又是泥，濺到玄身上來，眼睛也看不見了，地又滑，阿玄曾大聲喊媽，媽不理我，阿玄只好模著回來，水多路滑，阿玄不曉得跌了多少跤，媽，不要打我呀！媽阿玄痛呀！媽……〉你想，阿玄的媽聽了這番話，那裏還有責罰兒子的心，反而滿心慶幸好在沒有打到，心裏又嘀咕市政府的人偏心，爲甚麼我們這條巷子一再申請舖設柏油都得不到反應！

巷子裏雖然百十家櫛比而居，但都沒有守望相助，今兒東鄰被小偷搬家，西舍樂禍；明兒西家失竊，大家袖手。正因爲偷兒氣焰高張，所以家家重門深鎖，以防萬一。一天，阿玄的父母赴朋友喜宴，留玄及十歲的姊姊看家，並且一再叮嚀姊弟不可出外玩，遇有生人叫門，問淸楚姓名，然後禮貌告訴他爸媽不在，請他明兒再來。玄的父母是去晚宴，大約吃完歸來，不會超過晚上九點，小偷的消息何其靈通，爸媽前腳走，偷兒接踵來……

偷兒：鈴……開門……

姊弟倆最初以爲爸媽有事折回，齊聲喊：〈媽〉〈爸〉！門外卻傳來低沉的聲音：〈我是你爸爸的朋友：張伯伯，開門，快！〉

〈你是張伯伯，那你是從台中來的唷？張哥哥也來了嗎？〉

〈你張哥哥要讀書，他讀下午班，沒有空來，伯伯帶有甜甜的糖來給你們吃。〉

〈騙人，張哥哥大我幾天，還沒有進學校呢！讀甚麼下午班！〉阿玄說完即大聲唱：〈媽媽不在家，狼在大門外，你要吃我們，不讓你進來，甚麼張伯伯，騙人送糖來，門兒不開，不能開，你是大野狼！你是大野狼！你是大野狼！〉

由於阿玄的大叫大喊：〈你是大野狼〉！驚動了斜對街的秦伯伯，他探出頭來看個究竟，但也止於看看而已！鄰居不敢多事，雖然明知那個是小偷。巷子裏有個姓麥的敎書先生，新買了一檯分期付款的電視機，公然趁主人不在時，小偷親駕一部計程車給抬走了。事後，鄰居雖然暗中告訴姓麥的是誰幹的，但鄰居不敢在警察伴同下指認小偷，憚於服刑期滿後的〈偷先生〉報復，我們又何可厚責鄰居人情薄，不能守望相助呢！小偷到底是小偷，即使在鄰人不相關的神色下望了他一眼，他也覺得心虛膽寒，所以在阿玄父母親赴宴回來之前，他們沒再來問阿玄姊弟要不要糖吃！

阿玄是我的侄兒，活潑，淘氣，天眞，頑皮，我謹在此寄予衷心的祈禱，盼望他快長大！快長大！

民國五十七年十一月

後知後覺者談年

風俗的厚薄，不是一紙行政命令，或訓誡誥語可以移轉的，否則，就不能叫做風俗。不曉得那一代聰明的人，把「年年難過年年過」的年，說成古代有一個兇惡的怪獸叫作「年」。其用心太深長了。我覺得年的可怕，遠超過假如世上眞有「年」這個怪獸。請聽我略述如下：

過年、要拿紅包給孩子作壓歲錢，這是大家公認爲天經地義的、無可厚非的濃郁人情味，可是，同胞們！您可曾想到過給孩子壓歲錢的後果嗎？長官靠孩子發一筆橫財，這且不表。即同事、親戚、朋友、鄰居間交換給孩子紅包，彼此不吃虧，卻敎壞了自己的子女：以不勞而獲，以爲拿了人家叔叔伯伯表舅鄰居的壓歲錢是「賺」入的，他們沒有能力發現那是父母辛勞流汗的收入，用作人情味交換來的，拿人家的錢，就是拿父母的錢，何曾撿人家半點便宜！而小孩子心田中，卻深植了撿便宜、賺不勞而獲的錢的心理，加之以紅包大小、金錢多寡，定人情的厚薄，一聲恭喜發財，就有紅包拿來，教壞了孩子投機佞給、取巧不仁的心術，這可是我們大家共同塑造孩子、教育孩子的，難怪從我們手中長大的孩子，一旦學有所成，擔任了公私機關要職，兒時毛病復發，強索人家紅包視爲當然，以紅包大小定事情的緩急，這是撿便宜心理的延長，也是父母、長上、全社會大家、叔叔、伯伯們鼓勵賄賂孩子的結果……這種劣根爲何要讓孩子身上繼續生長延長下去呢！那是多麼愚蠢的教子方法，教子女貪得無厭，教子女不勞而獲，教子女不仁佞給，教子女只認錢不認人，等於教子女作賊。有一則故事，說從前甲國侵乙國、乙國城外正是麥黃時候，有人建議讓城裡人儘快出城自由割取，不管多少，均屬自己所有，這樣，既可厚植國基，又可免於資敵。其理多直，其氣多壯！但卻被聰明的國君否決了，因爲城外麥田的播種、種植，各有其主，一旦讓人民自由割取，人民就會養成懶惰、撿便宜的心理，甚至每到麥黃時候，翹首盼望敵人再來。這種發亂世財的狂想，就是「心術不正」。心術不可壞，古人知道其重要，今人反而不知！可嘆啊！文壽何在？仲父何在！

一九七三年舊曆新年

向丁肇琴女士學笑

孔老夫子教人表情要與環境配合。他說：「喜怒哀樂之未發謂之中，發而皆中節謂之和。」（中庸）又論語公叔文子「時然後笑，人不厭其笑。」孔子以爲至性的流露，故以「其然，豈其然乎！」表示疑問。孔子的時中，所以能做到「溫而厲，威而不猛。」燕居則「申申如也，夭夭如也。」收放自如。後世做老師的，推孔子之心，立道統之極，讓後生小子，見到老師，如對聖賢，美其名曰「師嚴然後道尊。」這在師法上一定發生了偏差。我亦忝居杏席，坐堂論道，以戰兢之情，勉生徒要敢問如子路、公孫丑，但反應寥寥。我的「外丹功」老師牟總幹事勸我：「練功要面帶笑容，不要太嚴肅。」最近又鬧胃出血，醫言與緊張有關，宜保持心境平和愉快。始悟出我這後生小子，也只學得聖人厲與猛的部分，以嚴酷補其短也。

四月十八日讀了丁女士愛笑的自述，深以笑爲一劑治百病的良藥，行行業業，皆可服用，特別在這眦睚必報的世界裏，請讓丁家愛笑的細胞，移植到每個同胞的臉上吧！

有人以爲發不中節、笑不以時，丁老師小時受到同學、老師的怪責，宜乎哉！我還記得三十多年前，爲了參加全省美展，特別劃了一幅五十號大大的油畫，整個畫面，畫的是一個盤膝而坐的小孩，面帶微笑。其笑，雖比不上蒙娜麗沙的美，自覺倒也蠻可愛可親的。送審時，我的老師李石樵先生以疑惑的目光問我：「他笑甚麼？周圍沒有可笑的材料陪襯，主題笑，那是『肖』呀！」（台語神經病）丁女士的笑，四周的人沒有笑的氣氛，她的同學和老師當然受不了。

丁肇琴女士的笑，我想用曲高寡和來形容她，想想不對，因爲丁女士並無意推銷她的笑。姑以惠施知莊子觀魚游之樂去蠡測這淵源自家族的愛笑天性吧！

儒、道、釋、耶教，處理人生的態度，不盡相同，然耶教與莊子對送喪的做法頗類似。耶蘇教對死者的禮拜是，讚美主、阿利路呀、蒙祢召，使其兄弟姊妹坐在祢的寶座右邊（家屬不能哭）莊子更達觀，認爲沒有生，就沒有死，有生就有死，生不見得樂，死不見得苦，驪姬初嫁晉獻公時，兩眼哭得紅腫，待嫁後嚐到了種種舒服、甜美，又笑自己初嫁時傻兮兮的哭個甚麼！人的生死，亦復如是，你看初生的嬰兒，緊握兩拳，拼命掙扎，安知他不在大叫：「我不要生。」待人形已定，人情又貪生惡死，如果眞的人死後會變鬼，鬼死後變人，可曾見過死後又自動願意再回到人間來的？做鬼可享受到飄飄然的快樂，飄洋過海不必輪渡。天涯海角，任君去留。汽車、火車、飛機是多餘的。沒有空難海難，來無蹤、去無跡。眞個如此，誰還願意做人？莊子畢竟也曾爲人，寧願做污泥中爬行的活龜，不願被絲綢包裹放在廟堂上供奉，何嘗不貪生，但他是爲自己而活，他處理自己死後的軀體，任老鷹、野狗、螻蛄吃都可，不必厚此薄彼，確有他個人達觀的境界。莊子對自己妻子的死，子桑戶對他朋友的逝世，鼓盆而歌，在我們儒家看來可怪，有悖人情，然在道家，耶蘇教徒們看我們儒、佛的無聊熱鬧，又何嘗不怪！我們能以「道不同不相爲謀」一句就把別人攩塞掉，否定掉？今呀！就看信那一敎派的人數多，以多數人去否決少數人，然而多數人一定比少數人聰明？看我們時下的風氣，很多人希望父母在臨終前，不必依個人志趣，強迫皈依我主耶蘇，這樣爲父母送喪時可免乎一把眼淚一把鼻涕的去面對自己親戚與部屬，又免乎旣跪且叩向來賓答謝之繁文縟節。用彼漸被社會接受的「讚美詩」，送父母到上帝寶座的右邊。能怪他們人情薄？不能，也許他們骨子裏早就厭煩儒家禮儀的「壟斷」，有了另一境界與思想的萌芽！

彌勒佛的肚大能容，所以能於人何所不容；看破世事，所以萬事皆可付諸一笑。白樂天的對酒五首之二「蝸牛角上爭何事，石火光中寄此身，隨富隨貧且觀樂，不開口笑是癡人。」

吳清源大國手遂採為終生個人的涵養，並勸世人多笑。這是他個人的福氣。與樂天莫可奈何，「歌生民疾苦之餘，「不如展眉開口笑。」的苦笑不同；「陰陽神變皆可測，不測人間笑是瞋。」那種險笑更不同。肇琴女士的笑應是與人沒有機心，不負救世苦心，不用普渡世人的善心，也不帶甚麼哲學氣味，只是上蒼生來即賦彼愛笑的細胞。這種自然的笑，既無使命諷世，亦不必負諷世之責。然而笑，在這緊張、繁忙、複雜、自由的大環境裡，人們似乎缺少了這一份自然、調和的禮物，不執一的孔老夫子若能在此時重生，亦必讚同丁肇琴女士的終日含笑，固不必拘泥於中呀，和呀！時呀的去裝模作樣表態。希望在這塊自由幸福地區長大的我們，在心地緊張之餘，不妨自我移植一點丁家笑的細胞，掛在每個國民的嘴角上，是的，一絲絲的笑意，既健康了自己，又健康了我們的社會呀！

一九七八年夏

大學生活雜談

要是有人說：〈回憶是甜蜜〉的，朋友，你一定處於極度不快的現實領域裏，靠回味從前的種種，用以塡補今日的缺欠——不管是精神上的，抑或物質生活上的。相反的，要是有人說：〈我的過去滿充辛酸，痛苦。〉朋友，你完了，你完全陷於顧影自憐。哀告乞求，盼人家分你一點同情的顏色！不悲歌，低佪，沉迷於過去的幻境，向前向上看大概較爲中道，也較有益於人生樂境的開拓。是的，現在就讓我來談談當前大學生活之一二吧！

子貢說：夫子之門牆數仞，不可得而知也。喩孔子學問之博，之深。我說：師大的門敞開，非經一番努力，不可得而入也！孔子的門牆數仞，不得入門一睹其堂奧之秘，但一經進入，那你非聖即賢；師大的門牆敞開，進去以後，是否一個個也能道問學，尊德性？詩，書，禮，樂，新文藝舊典傳全然洞悉呢？四年了，四年的受業的確從老師那裏學得不少，特以甲骨，鐘鼎，文字的探究，心得尤著。這是魯師的大功，張師起鈞的大學，中庸，闢前人未見之說，他大膽疑大學八條目的不連貫，中庸章句錯簡，且多不成熟之作。淺學如我者也能感受到老師不當疑而疑的不是，似乎人人有責任去拱衛這被貶的道統，該站出來反抗老師。就在期末考考卷上藉勢提出我淺薄的見解，批評老師的不是，並試圖去系聯大學八目，證其一貫性，老師的懷疑是從格物，致知，不能達到誠意，正心，所以很多有知識有學問的人，表現得既不心正，又不意誠，王陽明只好提出致良知來彌補大學不連貫的缺失，作格致與誠正間的橋梁。我的反駁大概是說，五穀不熟，不如荑稗。學道不篤，致不敬業。這不是知識本身出了差錯，而是學者本身的問題，譬如學校教我們要愛爸媽，敬師長，兄友弟恭，同學間相親相愛，知識本身沒問題，受教的人中，少數出了問題，表現出不忠，不孝，你能怪罪在知識傳授效果上不良，是知識本身理論不切實際？所以孟子才會說五穀不熟，不如荑稗。正是這個道理。老師有生殺予奪的權，學生沒有申訴管道，老師的「當」你，是天經地義的，因爲你沒尊重天地君親師五倫，因爲你忤逆了老師。重修表示你的功力還須鍛鍊。張老師沒有利用他的權威，反而給我全班最高分，並私下爲他主編的自由報向我約稿。趙友培老師更是我課堂上直接發生衝突的老師，他教修辭學，因爲陽明山國大代表開會，連續三個禮拜沒來上課，第四週終於露臉了，擺著一付我是泰斗，你看『中學生國文水準爲何如此低落？』要我們提出看法，寫好交學藝股收齊送來，然後又告退陽明山開會去了。我這獃學生，總覺得老師先要看我們的程度，然後決定授課內容水平感到不滿，老師不能因爲我們水準低，就降低授課標準，大學應有其一貫水平。於是決定在申論中學生國文水準爲何如此低落時，對老師發出不平之鳴。我還記得訴說的結語是：大學老師不上課，準中學老師學不到東西，將來的中學生更是等而下之了。並套用林語堂的口吻說：國文老師何在？教授何在！明顯的諷諫老師隨便缺課。果然第五週的課，老師以滿面怒容走進教室，起立，敬禮的口令尚未執行完畢，就聽到老師大吼，誰叫林漢仕，這個班的藝文活動由你負責，我嚇得戰戰兢兢立正回答老師話：班有現成的學藝股長，由我負責，似有不妥吧！老師大怒，拍講桌罵我你敢抗命！本來還想申訴，學藝股長姚榮松拉我叫坐下，並罵我獃！老師叫你負責，你就負責，反正我學藝股都幫你做了。這節課氣氛不好，我想同學猜不透是我在『提出看法上』直言捋了虎鬚。聽說本班上下學期廿來位同學被『當』，我呢，還好，感謝趙老師，讓我低空飛過，張趙二位老師的處事方法與人格教育，將影響今後我的教學態度：學生不一定錯，先生不一定有理，要多重視學生意見。張老師把北大治學的胸襟帶到師大來了。趙老師說：無論何人，學問如淵博，若濃縮了，不消一小時全部可講授完畢。這點我不敢苟同，我懷疑學問如何濃縮？趙先生的修辭學講義漏洞滿多，他可能眞把我們看扁了，不過他所主編的「中國語文」月刊，大體上趙老師分析文章有他自己的見地。

大學！眞自由，至少罵人是非常自由的。上一節課的老師可以大罵攬古文的老師是頑固不化，啃死人骨頭，下一節課的先生也可以指名大罵攬新文藝的老師文章寫不通順。好在罵者與被罵者均是〈彬彬君子〉，尙不致〈咬牙切齒〉說法院見，我們做學生的學到了新文，故說沒有這且慢表，至少在罵人的修養上我們是在〈潛移默化〉中進步了的！

其實甚麼東西都有兩極端，所以易含三義，易簡，變易，不易。能兼容並畜才是可大可久，千秋萬世不替的盛業。我們平心想想，國文系如果只開設新學，則學子不知典故的來龍去胍，和遺詞造字，亦失去開系主旨。若只顧經史故冊的傳授，完全摒棄新學，則有「馬齒」之譏，且背世離民，落入孤芳自賞，遠離現實。所以我覺得前系主任程師發軔有句折衷名言，倒很可用作新舊學仍然對立的雙方勉厲的，程夫子說：知今而不知古，謂之盲瞽；知古而不知今，謂之陸沉。我們做學生的不要盲瞽，也不要陸沉啊！

（注：馬齒。有人問馬有幾顆牙齒？老敎授有夠認眞，找馬經，求伯樂，翻遍典籍，務求引經據典，言之有本，以證先聖先賢古籍之可貴。可是，怪！就是找不到相關的記載，有人建議老敎授找匹馬，或到后里養馬場一查，不難立刻知道究竟。老敎授說：不可，典籍上沒有的，寧缺毋濫。於是他很莊重的回答問者「闕疑」，以俟後之賢者。老敎授食古不化，一味是古非今，用這種態度學習古籍，不就是陸沉了嗎！）

一九六七年

雞與麻雀

一群少麻雀；『姐呀姐呀』的在偷吃雞姐姐的口糧，領頭的小麻雀突發聲歌唱說：『雞姐姐：你們滿舒服的，餓了飯來，渴了水，人們對你的照應，眞是無微不至，我倒情願像你們一樣，吃飽了唱歌，睡覺，不愁頑皮小孩的彈弓，也不怕刮風下雨天眞寒天熱，眞舒服！眞舒服！』小麻雀們的集體偷啄雞食嘈雜聲，驚醒了正在打盹的一籠小雞，只好靦腆的恭維他們一下。

『眞的，麻雀妹妹，我很歡迎你們來與我作伴，單調死了，人們只道給我吃，給我喝，他們就以爲已盡到了他們的責任，他們不知道我內心有多寂莫呀！』

雞姐姐，你不要這麼講，這個年頭，謀生多不易呀！有吃有喝在我來說應該沒有旁求了，你身在福中不知道福，你可知道，我整日東奔西走，勞祿奔波，尙且不得溫飽，每每生命還要受到威脅呢？你應該滿足，你應該自傲，因爲你生下來就有一個好靠山呀！』

『哼！誰希罕，我要的是自由，勞動，我要自食其力，我不要被人家可憐，海闊天空，任我翱翔，多令人嚮往，生命要有價值，生活要有波折，整日吃了睡，但見身上橫肉滋生，艾呀呀，我過的是什麼日子？』說著說著，一群小雞嗚嗚的哭了起來。

『別哭！讓我告訴你一些你們的理想世界是怎麼樣的，外面是自由的，但是缺乏有秩序的管制，弱肉強食，唯力是從，這個世界不問你有多大本事，就以你們打比方，你們的先生會司夜，但人們看中你的卻是你們身上的肉，啼曉是多餘的，在家裡，你們有所倚恃，出了門兒，到處豺狼陷阱，叫你們防不勝防，同類欺侮你們，地上爬的威嚇你們，天上飛的也處視眈眈，叫你們逃無處逃，飛無處飛，到那時，你們還能自由覓食？海闊天空、任你翱翔？你們到那時或許會想到：〈還是家居好〉，可是，機會不再來了！所以我勸你們，安於現實、知足常樂，才是根本辦法。你們看，我會飛、且食量小，天地之大，尙且不能求得溫飽，靠你們的餘糧過活！站在吃你們的飯，就有義務進忠言的立場，我奉勸你們，凡事三思，這才沒錯！』

一隻小貓，從屋角慢慢的伏地爬過來，小麻雀眼尖，一鼓翅整個飛向屋簷。

『妙妙妙，有道理，你們應安於現實，應安於現實！』

小狗最淸楚，牠是旁觀者，沒有利害衝突，牠知道小雞求自由，乃靜極思動，理之尋常；麻雀爲一己之口腹之私，僞作誠懇之忠告，但也有其眞理在；小貓純爲貪吃麻雀的肉而附和他們的意見，因爲雞不走，麻雀貪圖雞吃剩的飯粒，必常光臨，那貓先生即有機會一而再、再而三的接近那塊肉。

世界就是這樣的嗎？

民國五十七年冬

給高二同學自編刊物講話

好久沒有寫東西了，筆似大鋤頭，怎麼用怎麼不順手。這些年來，迷上了鐘鼎文字和易經，像幼稚園大班的學生，忙著認字，忙著找書，忙著排比解說，忙著去瞭解，生活得倒蠻緊湊。現在五〇七班要編班刊，主編郭良文、絲其斌二同學來要稿，而且指定題目、限定字數。苦呀！我這個國文老師，似乎沒有「打太極拳」的餘地，只有殺他們的價，答應「擠」出一千字來應景。而且「成功今昔」的指定題目，對人物難免有所臧否，有失厚道，故改爲隨意談談家常。

胡適先生教人讀書要善疑。孟夫子教人盡信書不如無書。程頤教我們讀書當觀所以作書之意及其所以用心。如此則無書不可讀，他們三個人所說的話，有一個共同點，那就是「不要迷失自己。」不僅不要迷失自己，更要積極的拯救自己。所以讀書的態度上要認眞，才能發現古人作文眞意，去深入瞭解，一知半解，不求甚解是沒有資格去疑書的。茲舉二篇課文例子來談談讀書應有的態度：「曹劌論戰」這一課我們是讀過的。魯國在齊桓公兵臨城下時計無所出，突然出現一個俠客（史記稱爲刺客）曹劌請見魯君，和他談論戰爭之道，因而決定和齊軍開戰，雖僥倖小勝，終換來三年後獻地求和的教訓。但題解卻大大讚美曹劌「臨戰之機智勇決。」說他「判斷敵情之精確，令人折服。」國家大事，不交給國之大老或政治大家循外交途徑解決，輕啓釁於大國，輕信一無恆產因無恆心的「俠士」且在和會上演出刼持桓公的國際醜案，這種走極端的做法，以不必動干戈的結果動了，損兵折將，割地受辱，這正是一般短視的政客，以國家爲賭本最壞的表現。和課程編輯大意說的「培養高尙德行加強愛國觀念……收潛移默化之效」正相左呢！奮螳臂當車，豈是今日教育所需要？不瞻前顧後，深謀遠慮，倒眞叫國人潛移默化，暴虎憑河了呢！編者可能是只取論戰這段以課國人，是第見人的笑臉，即信爲慈祥，背後一概不管，這是「鋸箭桿」的教法呢！你再讀第八課大鐵椎傳，倒眞是一課上選的武俠小說。「吾去也」窗戶未開，能「言訖不見」！這種形容，大概是選課老師在編輯大意裡說的：「以免流於枯燥板滯」而決定選入的教材吧。可知這是國家的高級中學國文教本呀！第四冊曹植的與楊德祖書，如不是編者有意貶曹植，就是有某些方面出了問題，這篇文章所叙，似相當雜，必不是謝靈運說的：「天下文章一石，子建獨居八斗」的代表作，能與丕的典論相提並論嗎？編者有心拿彼兄弟同時間作品，讓讀者自拈斤雨，自品高下吧！再舉第六冊韓非子的入選，如果標明韓是主術、主勢、主法的綜合，讓同學們認淸法家的面目，倒也罷了。然而硬攤晉文公攻原是「喻人守信不渝。」就有待斟酌了。讀書的人有責任去追求眞實，也唯有追求眞實才能使自己智慧增長，一個善疑書的人，必定是一個喜愛「動手動腳」找資料的人，高深學問的培養，廣闊胸襟的開拓，必須在高中時代開始涵泳、孕育，以上是愚讀書的斗筲之見，不足以污大雅，惟願與同學們共懋呀！

一九七八、十一

勉成功六〇七班畢業同學

孫子兵法有云：「……多算勝，少算不勝，況而無算乎！」說。蓋兵戰乃詭譎之道，弗可鏗鏗然以誠信爲心，異乎今日考場角逐。然取勝之道，同歸於殊途：即少算者北，況無算者焉有得勝之理！兵家重勝負，勝則制人、敗則制於人，然尙有勝敗兵家常事說，不以一勝一敗論雄雌！

哲學家心目中無成敗，自上下古今宇宙觀之，孰成？孰敗？科學家寓一小成於無算小拙。

成功與失敗，就個人窮通言，似足悲喜，然苟喜而志滿、泥於小成、甘心面壁，終將一無所見；悲於小拙而頹放，不思奮厲有爲，則沈淪永晝，再造無期。故是而小拙者，固須懋晉，務期再戰有功，小成者尤宜戒得，則層樓可上，千里之目可窮也。

書給六十五年次成子六〇七班畢業同學共勉！

生活小訊

妻要讀建中的小兒子去台大聽朱經武院士演講。（隔天又聽楊振寧院士敘往事）兒子說怕聽了引起消化不良，蓋蹴等太多，揠苗助長，操之過急也！不肯去，除非老爸也來陪聽。妻把我害慘了，我這塊朽木，即使再多幾位大師級的人物，也不可雕，不能雕，而我也樂得做個匠人不顧的樗樹，無用之爲用呀！然而「獅」命難違，還是護送小兒子去聽演講了。事後兒子卻又高興得用電話向同學炫耀：我見到了護貝爾得主，並受親炙：也見到了全美國科技界最風雲人物。一如楊振寧說他兒子（幼時）能及時與愛因斯坦合照過，這生可沒遺憾了。味道雋永，耐人回味！

一九八八年

※　※　※　※

小兒子十七八，女兒二十出頭，和父母大談染色體，X酸性，Y鹼性生兒育女的理論，並要考考父母XY如何配生男？如何配生女？她們的結論是：父母在「不知而行。」而且未能把握學習「從行中求知。」若我們這一代，應是「能知必能行。」的一代。說著說著，竟數落到他（她）們兒時父母管敎太嚴，並舉一則螃蟹媽媽要求它的兒女改變走路的姿態，前後走，不要左右橫行的故事，笑父母不懂身敎！待螃蟹媽媽試了試直走失敗，也只好認命橫行。而父母強迫兒女補習的項目太多，父母卻又不曾身受過其中的苦痛，我們做兒女的可眞心疲力盡，可眞要「鞠躬盡瘁」了呢！他們的結論是：以後我們要對未來的兒女，必須父母做得到才要求兒女去做！倆老無辭以對，只能喁喁說：天下父母心，望子女成龍成鳳。我們做父母的，都在假定兒女萬能，並認定別人兒女能，我的兒女也能。果眞是一代強如一代隆呢！李總統的尊翁可曾做過縣市長？兒子可是大總統呀！待你們做了父母，你們會體味出「越俎代庖」，替兒女多方籌畫的心情的。而你們今天能說出一番大道理，使原本有高水準程度的父母都無辭以對，這正是說明父母栽植的勞績，父母有成就感，也就心甘情願的繼續幫助兒女去深造，爸媽也就很樂意繼續被兒女「剮」啊！畢竟兒女的翅膀快要硬起來了。

※　　※　　※　　※

我的河東獅很能幹，但不精明，人高馬大，口無擇言，她不要丈夫做家事，但也沒鼓勵丈夫讀書爭個什麼來！因此平日習慣了茶來、飯來「小人」動口不動手，被寵壞了的生活，整天只知埋首案頭，苦力爬梳自己的「名山」大業！一天，妻以不屑的神態笑謂：「都快六十了，你們的孔子說『四十五十而無聞焉，斯亦不足畏也已矣！』還寫什麼來！還想跟人家爭個什麼！有才氣的話，早該冒出一些頭角了，我看省省力氣吧！」

說得也是，每天寫，寫了大半輩子，也沒寫出什麼名堂來，冷門的書像易傳評詁、乾坤傳識、重文彙集、易傳綜理、否泰輯眞、易經傳傳，是出版了好幾本書，卻也只堪覆瓿糊窗。妻言有理也！我該何去何從呢？就在這時，心地忽然一亮，　國父中山先生不是說過：聰明才智大的……至少要盡一人之力，服一人之務。」嗎？！我在盡一人之力、服一人之務呀！尤其重要的，退休後煞有介事，忙得像日理萬機，好過日子哩！不必從頭規畫生涯，不怕老來閒煞！我看還是讓這「壞」習慣自然延伸下去吧！

台灣一周

大學聯考剛考完，老妻和小犬要我陪伴作三日環島遊。因爲出無車，所以一切公私有車輛，只要是營業的，都成爲我們最方便的交通工具。首站是北迴花蓮天祥。我們坐莒光對號快車。老妻興緻頗濃，一個二個在數火車過山洞，並誌其長短，我在調侃她：「山洞長又長，數著數著睡著了。」她兒子國小時背誦的課本。早晨七時五十八分準時開車，路經侯洞、蘇澳、新城。到福隆時火車已穿過十六隧道了。東澳二十七、和平三十七，老妻的耐心使人佩服。至於準不準確，只有鐵路隨車人員最淸楚。十一時三十分新城下車，搭上由泰雅族山胞吳先生兜攬生意的計程車上天祥，我們殺他價，從七百到四百五成交，十二時十五分到達青年活動中心。因事先定了位，所以順利住進一一一號小套房。

政府開鑿北迴鐵路，其工程艱巨，參觀的人看了都知道，從前叫「逢山開路、遇水搭橋。」現在是「逢山開隧道、遇溝造鐵橋。」而所鑿的是石頭山。工程浩大，斥資無算，頓時把台灣西部的富庶、文化吹向東部，不僅縮短貧富差距，也大大的提高東部生活水準。一條鐵路，古人所謂「上以風化下，速如置郵傳令」一點不假呀！政府對得起不只現在百姓，也對得起後世子孫。

青年活動中心的設置，方便了許多青年、救國團舉辦的活動，宣洩了多少青少年們鬱抑，一批又一批來參與活動，既熱鬧、又生動、活潑有趣，激發青年遐思、誘導青少年正當社交禮儀，遙想當年有關人員創辦救國團，確實識透，也掌握了青少年們的心理，設計了這些軟體和硬體場所與節目。

誰說末世人情味淡薄，憑著遊水濂洞一面之緣，打過一次照面，一對情侶：交大研究所應屆畢業的高同學和輔大化學研究所的女友，中午十一時多，頂著火熱的太陽和我們說擺擺時，只這麼順口一溜：「是不是去花蓮」，我們便搭上他們小倆口乳白色的轎車，並且沿天祥、太魯閣間停車讓我們拍照，小孩還蒙受他們熱情招待。陳同學極力鼓吹交大、清大好，師資設備勝台大，不曉咱小孩心裡怎麼想，本來非台大電機不唸的他，只因爲考前一月過度緊張，常常澈夜未眠，影響了成績，雖未必上電機，其他如機械、化工、土木，還是有相當程度的希望，如果因聽了習慣性的愛校陳同學的鼓吹，選塡志願時以交大、淸大列爲優先，那也只好說搭人家便車的緣份了！果眞如此，老妻將嘮叨上好幾個月呢！

由花蓮到台東的莒光列車十三時五十三分相當準時開出，十七時廿七分到達台東，三個半小時車程中，我們看到台灣另一面的富庶，往下紮根的牢固。車行在狹谷平原上，土地資源充份利用，幾不見荒蕪田隴，蔥綠一片，連田塍也栽植有經濟價值的作物，河川地則瓜果花生。樓房櫛比，愈近台東，房屋顏色愈鮮豔，紅黃藍白雜陳，那像大陸農村獃板二色黑與白。台灣廟宇多，人們在生活充裕之餘，出錢出力，人們榮耀了神，神也庇佑了人，金身、香火、空調、一流設施，人們神化了廟宇，廟宇也帶給人們心靈的滿足，人神兩安，大家創造了衆神，又靠衆神賜福給大家，我們在台灣的人可眞夠聰明呀！

車上不准抽煙，二手煙爲害的宣傳已獲得顯著的共鳴，但還是有人悠然自得在自己座位上吞雲吐霧，好在車上服務的小姐會及時柔言勸止，煙客也多半接受勸告，這就叫做大家心中有愛，有一個共同理念。想想我們台北的脫序抗爭，記得有一位主席說過「我們報警」那是在他們住所被噴漆後，可見警察還有公信力，抗爭時則警察可打，如何建立一個有公信力的法統理念讓大家遵守應是當務之急，把不平的戾氣儘量拉平，政治大餅共同分享，究竟貧窮才是亂與變天的溫床，富庶後追求的是康寧與好德呀！

花蓮山大，幾乎整座山就是一塊大石頭，而且是像玉一般的大理石，只是未經雕琢而已。溪流中由山上滾落下來的大石頭，有三四層樓高，不計其數，距天祥還有二小時行程的白楊瀑布，第一、第二水水濂洞——本是政府開鑿的隧道工程，其中二個滲水，還面驟風急雨，加上黑暗恐怖，奇怪是反倒遊人如織——似乎在半開放狀態，山石經過爆破，隨時可以滾下來。「山多落石，遊客自行小心」牌子一豎，大概只讓遊客自行負其後果責任了。但是遊人仍然絡繹不絕。第一個隧道裝上巨大鐵骨門，不准車行，留下可穿越巨人的大洞，我和妻小就是從那大缺口穿越，我們邊行邊說一個「冒死吃河豚」的故事：河豚味美，但也劇毒，有夫婦二人抓到一條河豚，商議烹煮來食，二人互相禮讓請先用箸，妻子流著眼淚向先生交代後事，如何照顧兒女，然後舉起筷子……。明知河豚有毒，又捨不得其味美，正是今日遊客心理，沒有正式開放的遊樂區，黑黑長短隧道一個接一個，說不定裏面有個黑熊、長蛇甚麼的在等著你哩！像傾盆大雨的水濂洞、山上看起來搖搖欲墜的大石頭、千丈高的絕壁、深澗，流水像萬馬奔騰，稍一不慎墜落下去，眞箇會屍骨無存，我在天祥小店買手電筒、雨衣時，老年的店東就曾警告說：「上個月有一對男女進去遊玩，掉下去了，至今沒找到，倒眞不是危言聳聽！我們一行，畢竟平平安安進去，快快樂樂出來，美味河豚，刺激的美景，我們領略過了。我倒滿希望政府再做好一點，該裝護欄的地方儘速裝上護欄，沒有做到萬全的準備之前，可以再封閉一些時日，謠傳雖未必是眞，怕有心人傷了大有爲政府愛民的美意。

車入台東，近河流的山多變成灰色岩石，沖刷情形，讓你看到也會不禁拍案大叫「禹、稷何在」？河床高過兩岸耕地，靠築隄阻止洪流，沒想到鯀的治水術在東部還在大行其道，舜殛鯀於羽山似有斟酌餘地啊！平時河道多半乾枯，一旦上游山區下雨，立刻滾滾洪流傾瀉而下，河隄保障了兩岸居民的田園廬墓，不決隄那是他們的幸運。在東部平原上，我們又可以大聲說：「一江春水向東流。」天下河水都是東流的。台灣西部看慣了西流水，倒也挺新鮮的。

火車上的便當，其肉塊之大且厚是相當驚人的！記得三四十年前家兄林彤曾說過：某工程師二子拒絕吃瘦肉是不可思議的。今日妻兒皆拒絕吃那便當內的大塊瘦肉，我則四十年如一日，三份肉一人包，大快朵頤，忘了自己老之已至，不能多吃肉的警告，眞是往日貧窮慣了，一粥一飯仍然珍惜來處不易，妻小如何知道！

農村看不到耕牛。記得小時候放牛吃草，和一群青少年男女牛友有趣而多謔的牧牛故事。台灣，今日耕耘機取代耕牛，農村小兒沒有機會再享受到牛郎、牛妹騎牛唱和的緣會了。城市小孩吃進口牛肉的時候，可能會問父母：牛像什麼樣子？父母可能也沒見過牛，回答孩子說：牛會耕田，牛大概像耕耘機吧！時代的巨輪，在佛家所稱常轉的大法輪裏，台灣似乎已擺脫貧窮困苦的魔障，生也有趣，老也有趣，病有保險，死亦有榮光，頌彌陀、榮耀主，「寶島」之名與實已相當符合了。

年老莫出門，出門礙事多，事前多準備，萬事不煩人。你可知道老人家出門會影響多少人心裏不安！背負著不孝、不敬、不義、不仁的罪名。人雖不責我，年輕人會自責。這話怎麼說？原來我們從高雄北返時，嘉義以北的車票剛好賣完，老妻命令「先上車、後補票。」買到嘉義再說。誰知道由高雄到嘉義只那麼短短的二站，『咻』就過去了！二站後還有彰化、台中近四小時的車程得站著回來。人多車小，一個小老頭站在搖搖幌幌的自強號車廂裏，好多讓位的青年男女我都拒絕他們的好意，外丹功眞管用，十年的外丹功，老當益壯，站上三五小時不算甚麼！妻可不行了，孩子更從來沒受過委屈，眞不忍心。車上的人可憐我這老頭沒位子坐，我可同情老妻幼子腿酸難過。因爲老件自己要買站票的，雖累不敢有怨言。小孩子看到老爸笑嘻嘻婉拒別人讓座，也不敢明顯表示腿子受不了。這時我才體會到舐犢情深的味道。譬如說抓到權的官員，制訂法令的時候可以「先私後公」。從前某大學國文研究所招生簡章規定：一定要本科系畢業，服務相關科系職業多少年才可以報考。輪到自己非本科系畢業的兒子，爲了栽培他，不惜把簡章修改成凡有志從事中文研究者皆可報考。翌年又取消這項方便條件。保送兒子上壘，這就是舐犢的愛呀！只是這種愛窄了點兒。在車上，年輕人多，像我這樣白髮皤皤的可眞絕無僅有，一陣良心夜氣擁上心頭，是我的出現使他們不義，使他們變得似乎麻木不仁。我不敢，也不忍心接受人家的「敬老尊賢。」老是有，賢則不敢當，下次不先訂好票位絕不坐車，免得害人不仁不義，使他們「良心不安」。有人以身作則教育子女，表示敬老，他們將得到正面的回應，子女學到了厚道；有人亦借此教育子女，你看，不努力就像這老頭，擠大車，活受罪。小孩長大了，活生生的一幕，生殺予奪，詭計百出，以佔有爲目的，一切陰謀陽謀都可以出籠，買私家車，坐特等位，是我教壞了社會呀！此行眞有點不該！

西部究竟好過東部。台東大武只一站到枋寮，這就是南迴。東部平原狹長，兩邊可以界定，西部可眞是太平原，一望無際，難怪政府的建設先西後東，有其緩急先後次序，不能急其所緩，緩其所急，強加予取，反而弄亂了政府的建設步調。

台北到站了，出站心想：十分鐘就可到家了。我驚奇台北車站周圍偌大的計程司機惡勢力可以公然存在，而政府有關單位竟然置若罔聞，難怪許阿桂檢察官夜行金門街被搶後發牢騷說：大官們有自己包車、司機，怎會知道小百姓的苦！行政院長雖嚴詞斥許阿桂：公務員說話要負責。然而火車站四週計程司機惡劣橫行霸道、拒按錶載客，確是事實。警政單位不妨喬裝明察暗訪，院長也不妨派個把官員看看那些計程司機嘴臉，計程車不計程要價，藐視法令，六七十元車程要價五百，政府體卹司機的辛勞，夜間有夜行價碼，「五百」，這算什麼價？敲詐尚有罪，你說願打願捱，就是這種心理使長官不負責、不便民，這一姑息，難怪醫院主治醫師要特別照顧費——紅包。海關關員、法官、警察、教師、申請建照，凡打通關節都要意思一下，少數人懷著「老子有錢」！社會風氣就給你這「老子」帶壞了！有關人員胃口被你釣開、養大了，你又回頭反罵這是什麼社會！你是不負責任的，施與受二者都有罪，在道德上，在陰功上都有虧損的。政府要做的事太多太多，政府在威力掃蕩，你在暗中扶植，全民不能配合，政府雖花了六萬萬萬元建設有形的美麗台灣外表，但不能提高無形的人心水準是非常可惜。可以管而不管的人失職，可以便民而不便民也失職，孟子說「可以給，可以無給，給，傷惠！」我們老百姓也失職。大家拒坐不計程的計程車，風氣立可扭轉過來。大家不要嘴巴上說不做二等國民，政府要提升我們爲世界特等公民，我們不能自我提升，「大爺有錢」給那些二等國民一丁點，你將成爲社會罪人，你將打入永不翻身的阿鼻地獄，二等國民靠你養大成爲社會的毒瘤，你說你沒有責任！我們有理由相信政府在大力提升我們大家形象，我們不要自我糟蹋、製造社會難題。兒子年輕、不接受勒索，拎起行旅快步往館前路走，九元欣欣客運公車送我們回家，我很高興我們沒有助長這一壞風氣。我們沒有花五百元——按錶跳只六七十元的計程車，慣壞了那班人的胃口，阿彌陀佛，總算靠兒子年輕有力積了些陰德，啊！懶司機們，多跑二趟賺一樣多，辛苦賺的錢才保得住，投機取巧，把你們自己的心攪砸了，也教壞了你們的子孫哩！

九二、七、五

讀報偶拾

早晨，讀到仲毅先生大作『那有「少正卯」這回事』，頗有感觸。仲毅先生引徵確鑿，二家之說均足置信。我認爲大凡立說，不外乎先破後立。知其所以破，夫然後明其所欲立。科學上的破，愛因斯坦推翻前人之說，楊，李又再以事實否定愛論。語足信人，此荀子所稱言之成理也，只要有足夠的活證據，不信也得信。醫學上如前些日子台大某教授，以六十二歲的高齡，用自己身體作實驗，每日吃二枚蛋，二年如一日，事後膽固醇並未增加。教育上的破，有教育萬能論，不久即被徹頭徹尾擊碎。繪畫上的破，如英國貴族學院院長林諾諮曾說：「繪圖切忌用藍色。」而江斯博偏用寒色創作，結果竟得意外好的效果。以上，是科學、醫科、教育、美術上用活的材料證「死」的定義，「鎔」鐵的事實。「鑄」新的理論。信人心、服人口，雖或僅能成立於一時，然皆是進步的階梯，促進文明的因子，並且有益世道人心的建設。突破、創造而非標新立異、驚世駭俗。韓昌黎的古文運動、明道、載道、推波助瀾、唯美文學命被革了。文人固可相輕，非聖非賢，則大逆不道。孟子「吾未免爲鄉人」的恐懼，深植人心。上焉者椎心竭精立不朽的功業；次焉者試捋虎鬚，王充、李卓吾、顧頡剛先生輩，標立異說。是故有人主張不必孔子而後有聖人，也不必爲孔父叔梁紇與顏小姐「野合」諱。有人以岳飛爲大軍閥，不聽政府調度指令，死有餘辜。有人說大禹是蟲……「德高毀來，事成謗興」樂羊中山克而爵奪，這都是人性的弱點，亟欲成人之惡，急要自己的功。直接倒聖毀賢、壞名人，碎君子，一朝打虎、千載名揚。「取法乎上」的「擒王」手法，確實高明！也確實是一條可行的捷徑！所以很多人因此成名了；又次焉者造僞書、畫僞畫，雖非傳我名於千古，而實播我精神與天地「同在」。王肅的僞古文尚書，今本孔子家語，其後的竹書記年等。林肯說：「你可欺妄小數人於一時，但不能永久騙多數人。」戲雖戳穿了，而名亦撈到了。這種用心，比刺殺林肯總統的凶手要留名、用心苦得多了。其目的、行爲都是一樣，但直、曲手法截然不同。看看我們的十三經個別書論的文字，看看我們史書神奇異采的記載，那一樣是十足可靠的典籍？甲骨的出土，雖可補史傳的不足，大禹變成蟲，歷史縮短千餘年，那眞如陳立夫先生痛心的說，如此研究歷史，其成果得不償失呢！左傳，今文家硬說是劉氏父子僞託。我們以爲今文家爲了保持地位勢力爲可恥。孟子是教人「盡信書不如無書」、孔子是有過「爲政焉用殺」的告誡。一個人的做人，就如一部縱貫數千年的歷史，其演變自己只掌握了一半。待功成名就的時候，我們的歷史家多以彼少時如何，六歲讀史記、七歲讀左傳……說成天生聖哲睿智，叫人非心服口服不可，你非重視他的典籍不可。很少像愛迪生傳說少時魯鈍的記載。我的老師魯實先先生，自言其少時讀初中，五科不及格而退學，今日魯師在學術上的地位與成就，今人無出其右，古人亦無以遠過呀！儻再過百十年，後世子孫爲魯師作傳，說彼少時英數各科，過目不忘，老師側目，同學效尤。其失實失據可笑可哭，不明賢者鼓勵後生的苦心。而知者不便言，言者多不知！孔子教人爲人，是有其一貫性的，可是，他要我們行「權。」作爲做人、做事最高的準則。我們往往忽視了。誅少正卯未嘗不可許爲行權呀！讀了孔子的述作，我們一定要做到「非禮勿視、勿動、勿言、勿聽」呆癡「木訥」？一部歷史，縱的方面有數千年，橫的方面，地方千里，瞬息萬變。史家取材、軍事、政治、外交、經濟、文化、……豈可概括？就本日（十二月廿八日）本報所載：有：毛共駐外使館遍布秘密警察；老嫗投水；六旬老翁猥褻六歲女童；雷射光可治療糖尿病引發眼疾……所引不過今日報載的百十分之一，而廿八日世界發生事故，經報導的也只不過千萬分之一呢！歷史是一面鏡子，是死的材料，寫歷史是有心人有心之作，是罣一漏萬的先民活動的寫照。記載角度不同，立說重心亦異。總之，我們要能役使歷史（但非改變歷史）而不爲歷史所羈，我們要能創造歷史而非爲歷史的奴隸。役使歷史、創造歷史，才不斤斤「吾未免爲鄕人」而造死無對證的「謠」，要自己的「譽」，「見仁見智」說遮自己的「羞」，爲生民請命，孟子當不責「不如無書」孔子當許我以行「權」呀！（民國六十一年十二月廿八日晚十時）

淺談勢

司馬遷說：「當斷不斷，其敗自亂。」許多原先握有先機的人，因動了「惻隱之心」，讓命運完全變了樣。韓信念舊，貶了頭銜，還遭滅門之禍；曹爽感嘆，做了司馬懿刀下的冤魂。昧於乘勢！自古所謂多情千古空遺恨啊！一點不錯。人沒勢尚且要造勢，有勢要懂得任勢、恃勢、用勢、乘勢，不然，我爲魚肉，人爲刀俎了，多可惜啊！

說到勢，人人都喜愛，但貴在能適時變通。陳平事漢高祖，破項羽、擒韓信，脫平城之圍，功大勳著，而屈事婦人，甩脫呂嬃的讒害。他用唯婦人女子是愛，醇酒自污。先日的聰明術智，一變而爲今日尸位素餐，唯唯諾諾的宰相。因而得到今日當權派呂大后的諒解與信任。「無畏呂嬃之讒」這是呂后的保證。就這樣隱晦韜光，使敵人誤以爲自家人，既免除可能革職抄家滅族的羞辱，又爲日後誅諸呂、除國賊，立孝文皇帝，替漢家立下不朽的大功。威震八方，獨任宰輔；一人之下，萬人之上。陳平懂得安時處順，師貍貓將有所取，必先卑身暫伏的技倆，乘勢一躍，敵人無遺類了。陳平，陳平，手握權勢，終他一生都榮耀。反觀周勃將兵，滅強秦、破項羽、屠馬邑，定燕地、誅諸呂，勢不可當，等到天下偃戈息武，皇帝遣他歸封國安享餘年的時候，想想往日的熱鬧，還來個身常著戎服，家人常披甲，硬擺威風。一朝下獄，難怪乎會有「吾嘗將百萬軍，然安知獄吏之貴。」的感嘆！他的兒子周亞夫、與劉禮、徐厲同時帶兵北抗胡人，文帝親臨勞軍，亞夫駐軍細柳，文帝來了不得入城堡，既入城堡，又得軍吏告誡：「軍中不能驅馳。」皇帝老子只好乖乖按轡徐行，隨從的大臣們，個個看得心驚膽顫，文帝亦不由自主的讚佩亞夫爲眞將軍，責備在霸上的劉禮，棘門的徐厲所統轄的軍隊是兒戲。當是時是何等的威風。文帝臨崩，甚且告誡太子，緩急惟周亞夫可將兵。他所受到的重視，由此可見。等到後來，吳、楚七國的叛亂，亞夫將兵，出奇計，再次安定漢家天下，卻恃功高固執己見，常和景帝鬧彆扭，有一次，景帝請他吃飯，肉沒切好，大師傅忘了備筷子，亞夫竟當著景帝的面大聲吆喝，至有「此怏怏者非少主臣也」的責備。終因買葬器而有「縱不欲反地上，即欲反地下」被獄卒折磨餓死在獄裡的命運。主父偃一出，武帝恨相見太晚，一年中升他四次官，偃說：「大丈夫生不能五鼎食，就應當五鼎烹。」於是揭發燕王定國陰私，罪至論死，使齊王自殺，威動天下。難逃公孫弘的「非誅偃無以謝天下。」的遭遇。漢末，董卓橫行關內，廢帝殺王，弒何太后，在郿塢築了一個倉庫，裏面儲藏了三十年的糧食、黃金二三萬斤，銀子八九萬，珠玉不計其數，自以爲成事則雄有天下，敗了，還可富甲四海以終餘生。爲要樹立個人威嚴，宴客時，斬斷百十人的手、腳，鑿他們的眼鼻，在開水鍋裡烹煮他們，幸運地沒死的，還要強迫他們行走在宴席之中，而他自己喝酒、吃菜，安然自若。大臣們嚇得直打哆嗦筷子都拿不穩了，這個自生民以來第一個大恐怖分子，殘民以逞的暴發戶還正得意哩！後來在王允主謀下給呂布宰了，王允夷董作三族，把董卓的屍體擺在鬧市中示衆、守屍的軍士，在董的肚臍中插了一枝火炷，利用肚裡的油膏，點了三天三夜呢！王允的報復，固是大快人心，可是，不知乘勢籠絡，只是曇花一現的十數天工夫，李傕叛軍也磔王允一家十數口於長安市，落得同樣的下場，眞是可悲啊！

我們作文，也講究氣勢，比喻恰切，一面助長文意的瞭解，一面予人背景紮實可靠，如孤影先生前作小市民心聲一樣。多引些目前的、外國的、歷史故事，不特予人清新，且氣勢懾人。太監、勢給去了，二千年來，能有幾個像趙高、王甫、魚朝恩、劉瑾、魏忠賢等人物，縱橫捭闔，左右朝綱？他們無「勢」偏喜杖勢欺人，結果，那一個能善終其身！男孩子在異性心目中有英雄氣慨，設使不能人道，雖係彪形大漢，一切又當別論了。所以司馬遷因李陵事下蠶室，至使痛不欲生而發出「猛虎在山，百獸震恐，及其在柙，搖尾乞憐。」的悲鳴。雖日後武帝寵愛有加，可是，此身已非男子，哀痛過其餘生。同樣是人開的車子，摩托車的衝刺，神氣十足；吉甫、大卡車、金馬號汽車，風馳電掣，更是威風八面；裝甲車隆隆的氣勢，凌厲無比；飛機、噴射機、火箭，比摩托車……裝甲車的威勢，豈能以道里計？都是由人操縱的、所站的崗位不同，發出的威勢亦不同。同為一支筆，人人都會寫，大學教授就沒有新聞記者神氣。新聞記者文章未必犀利，文句未必曉暢，但記者為人所敬憚的原因，是因為他有一支寫了就可以發表的筆啊！政府中各部門有各部門的勢，求不著他時，則「帝力與我何有哉」！有需要要求他們辦的時候，個人感受，想人人領略過。勢！是那麼可愛，項羽、劉邦見了秦始皇的車駕，一個說「彼可取而代之。」一個說「大丈夫當如是也。」難怪古今來那麼多人想爭皇帝，那麼多人抓到了權就不肯放，上得了臺，下不得臺。韓信貶為淮陰侯，樊噲尊敬他一如為帥，為齊王時，韓信過足了這個乾癮，不禁感慨的說：「信與噲為伍。」曹操當年被人推舉為孝廉，祇想做一郡守，立志把政教工作做好，建立好名譽；後來被徵用為典軍校尉，又想搏個封侯，作征西將軍，死後題自己的墳穴為：「漢故征西將軍曹侯之墓。」也就心滿意足了；其後破黃巾、擊袁紹、梟其二子，兵勢日強，仍然有周公金滕的心志。孫權此時上表稱臣，並勸曹操做皇帝，曹操把這封信給公開了，並且說：「是兒欲踞吾著爐火邪！」有人勸曹操把兵權交出來，曹操又不肯。他說：今天想稱帝稱王的人太多了，今日我交出了兵權，明日我們全家性命都保不住呢！他的堂弟夏侯惇勸他說：「天下的人都知道漢祚已盡了，群雄四起，自古以來，只要能爲民除害的，百姓都歸附他，他就是人民的主子，您在軍中三十多年，天下人心都歸向您，順天應民，有甚麼不可以呢！」曹操聽了卻說：「施於有政，是亦爲政」若天命在我的話，我願作文王。終曹操一生，是沒有篡位，但也沒有放棄權勢。

韓非子說：不能乘雲駕霧的是材薄，如蚯蟥螘蟻不能乘勢飛騰。這種人古代多有，現代也有。政治本來就是一場豪賭，雖說理念同就相聚，理念異就相貶。至若眞大丈夫的爲人，不管在何種環境下都能寄身混跡，不會被揪出鬥死鬥臭。等到得意上青雲時，不叫對手留一點生存空間，不讓敵方有春風吹又生的機會，再來危害自己！持盈保泰，險招連連，不用智慧，那能！陳立夫提「留些老本」，在家庭，可保父賢子孝！毛澤東一生都在鬥，從鬥爭中肯定自己、再出發，雖然錯到比秦始皇焚書還離譜的紅衛兵破壞文物，仍獨享清譽，壽終正寢，享有國家級的陳列，二十年來不衰。中外人士想瞻仰遺容，得依序購票列隊，以孺慕肅敬的心情通過尙未入土的靈寢。後起者已逐步推毛上與國家政權同列，尸位安穩如泰山了，毛可謂死後仍然在造勢，用勢，乘勢到了古往今來獨步一人的境界，果然數風流人物，還看今朝啊！

閱卷

今年台北市公立高中聯考作文題目叫做「風雨之後」。一般考生在電視製作訪問時都說「還好」，少數同學說抓不到重點，難於完全發揮。

我是分配到北一女圖書館樓下參加閱卷工作，正好又是看作文。第一天看完二百五十五篇同學的大作，深有所感，茲誌於後：

第一、閱卷老師大多數拘於聯招會製作的「作文評量表」所誤引，認爲風雨一定是指暴風雨，風雨也一定指挫折，不信你看評量手冊中最高評分（三九·八）的某生作文爲例，文中言：「人生所遇到的挫折很多，就像暴風雨一樣，當人們遇到挫折時，就像小草遇到暴風雨一樣；一陣暴風雨過去後，有的小草仍生氣勃勃的挺立在那兒，有的卻已奄奄一息了；就如人生挫折之後有的人會如勇敢的小草，雖然經歷了狂風暴雨，但仍會以開朗、樂觀的心情去面對未來；有的人卻會像懦弱的小草，經不起考驗就放棄了所有。（見第二段原文）

因此，考生中有寫風雨之後的涼爽，風雨之後的晶瑩翠綠，風雨之後晴空碧天，風聲雨聲讀書聲載歌載舞，五風十雨灌溉滋潤大地清新向榮，都成了「向評量手冊」挑戰的相反意見。當然，聯招會並沒有給閱卷老師任何壓力，分數還是由各老師自由心證，依思想、修辭、結構、字體給分。只怕同學以樂觀看風雨，分數不一定樂觀了。

第二、因爲風雨這個主題既可白臉、也可黑臉。白臉是說風雨滋潤頤人，黑臉是說狂風暴雨摧殘萬物。而考生中，竟然有人能說出：千年神木，也是經由小樹苗，在風雨的愛撫下茁壯，經年累月、風吹雨打、飽嚐酷寒炎熱才有今天。兩面俱到，既有微風小雨，又兼風狂雨驟，只可惜被我們先入爲主的題意思想所奴，該生聰明的兩面來，只怕兩面不討好。

第三、同學的八股味太濃：去年六四天安門爭自由的風雨，五二〇台北抗爭風雨，美國一八六四年南北戰爭是風雨，國會改選、國是會議、甚至從黃帝至今經過無數風雨，八年抗日風雨，台灣四十年來風風雨雨，這個風雨時間上是立體的，恐怕就不是出題目老師的原意了。而其本質還在屬意「暴」的範疇裡。至若風雨生信心，風雨後的寧靜，風雨後磨鍊青年毅力，風雨後（這次考試）後再次出發，進而抽象的說到媽媽的風暴，我和爸爸的風雨後倆不理睬（吵架），一種風雨、兩種心情。人生的風風雨雨，沐浴在風雨中，海峽雨岸的風雨。八面玲瓏的風雨，看文章的時候，對這些學子的造詞，總覺得不是味道。

第四、同學的文章太短：凡是文字太短的作文都不容易拿高分，王安石的論孟嘗君百來字的佳作，參加聯考評量，恐怕最高只能拿到五到十分，太短，沒有起承轉合，像答問答題。短，就不容易發揮。可見同學的思路不能廣遠，組織文字捉襟見肘。從前最早考八股文時，規定只寫四百五十字，後來逐漸放鬆到五百五、六百五，最後不超過七百字，還是考生爭來的呢！而高中聯考作文字數，能到達五六百字之間最好，因爲只要切題，只要書法不太差，句子順，大概都可拿到合理的分數。

第五、同學引書都很恰當！很多同學引梁啓超說小逆之後，必有小順；大逆之後，必有大順。引風平浪靜的海，造不出勇敢的水手。引愛拚才會贏。引多難興邦，殷憂啓聖。不經一番寒澈骨，那得梅花撲鼻香。天將降大任於斯人也，必先勞其筋骨……。都正合我們批閱老師的「孤意」蓋「成見在先」也！不過話又說回來，並不是引了上面所說的作文都是佳構，還得斟酌其文章架構、遣辭、思路是否賅備才能決定分數的高低。

第六、同學的發揮，瑕瑜互見，如：「我才十六歲，國中女生，未曾經過甚麼風雨，不曉得風雨的滋味。」「從風雨中認識自己缺點、目標，下次風雨來時增加信心與勇氣。」「風雨如同災難一般考驗我們，給我們成長的洗禮。」「台灣四十年來風風雨雨，有甘霖、也有風暴。」「六十年退出聯合國，在風雨中移民人口大增。」「傾盆大雨、滋潤生機。」「風雨後的快樂。」「從風聲雨聲中訴說衷情。」「許多政治風雨都是人造的，最可怕的還是人。」「風雨中的挫折使我獲得自信。」「人生不能永遠風平浪靜，也不能永遠海闊天空，最令人神往的是風雨後的寧靜，困厄後的成功。」

我們的青年女弟子們是優秀的、是多才的。以上只是第一天初閱二百五十五份作文中所見的一斑。至於在閱卷中途聽到有老師互問：「風蕭蕭」的蕭有沒有水旁？答：當然有啊，水可以瀟瀟，有水旁，風當然也可以瀟瀟啊，風水是一齊來的。閱卷老師在既緊張、又嚴肅、寂靜、認眞的氣氛中，突然來了一句並不如何出色的對話，卻也帶來有風也有水的「蕭瀟」聲中大笑起來。

末了附個建議：明年不管是高中或大學聯考，可否也請命題出主意的老師們，合力共作一篇你們自己所命的題目範文，好叫十六、七萬高中大學的考生，從中今年學一點、明年學一點、年年有範文可學，不怕我們自由中國二千萬同胞作文水準不提高呀！

九二年夏

幾則小文

一、博愛座

老子說：「失道而後德，失德而後仁，失仁而後義，失義而後禮。」照這種說法，孝悌忠信的提倡，是在有所失而後的補救？「電話禮貌運動。」「消滅死角運動。」只能算是日益褪化的道德起碼水準的扶持？今日各公私營客運車上，新置有「博愛座」，很醒目，也很刺眼。設置者的用意，可能是在提醒每一位乘客，恢復、保存我們泱泱大國禮讓風範。頃讀中央八月六日副刊，王邦釗先生著文鞭笞某嬉痞強據博愛座故事，大快人心了嗎？由王先生的結論更使人驚奇，郢書燕說，非所指矣！時下的錯誤，衆人在面對怵目驚心文字時，不能舉一反三，如同政令的推行，沒有著實去瞭解其中眞意，又談何研究發展？致有：「坐車不坐博愛座，只有博愛座者才要讓老弱婦孺坐。」的可怕念頭。這距當初推動者的冀望，想恢復中國些甚麼的傳統美德，相去何止胡越啊！

二、畢莉的啟示

颱風畢莉早已遠颺，留給台北市的是施暴後殘痕累累，就以路樹來說吧，據報載倒了二萬多株，這些倒樹，多半可以及時「醫治」的，只要有人肯發揮「物與」的博愛精神給予扶正。……一天二天三天，甚至四天、五天，眼見十之七八由葱綠而枯黃。國人眞是充分發揮了「守分、守職」的精神，珍愛自己的力氣啊！這不也就是楊朱學說的實踐？我眞想建議大家，樹由政府選種，整修工作亦由政府去統一規畫與美化。澆水、維護則分配給鄰里、街坊店鋪、學校、機關。這樣，不但可省公帑，同時也可提前復蘇市容，悅大家耳目。

三、散步

大家都說早上散步可以強身、補氣、生精、活血、治療百病。只可惜還是停留在實驗階段。，且無有效的統計數字，至使鑿鑿之言，使人疑信參半。即使曾氏國藩的養生方法，曾標舉飯後三千步作爲日課，並自矢永不間斷，亦只助長此一說氣勢而已。我們眞希望聽到有人作系統實驗、研究，分年齡、體型、職業、生理狀態、營養成分、心理因素等調查，以半年或更長時期觀察、比較，似可使千年來口耳相傳「飯後百步，勝過開藥舖。」的俗語成爲科學化，蛻去行而不知的譏諷。

四、聯　考

吳大猷博士建議高中畢業生先舉行會考，然後只考專業科目入大學，是針對目前高中教學，師生間全力模擬試題與強記的嚴重弊端而設計的。有心之士如林語堂等也已憂及聯考必須廢除，認爲它是國家的一個大瘤，雖然呈良性反應。又聯考對特殊考生加分，特殊考生種類多，相對的剝奪了普通身分考生公平競爭的權利。在這邊大送人情，在那邊又強調決不降低錄取標準，似乎有點掩耳盜鈴啊！（二三十年後吳京部長又有新方案，但願公平、公正、公開的原則仍能掌握，九六年寫）

五、孝　順

孝經裏面談到孝字，是有著階級意味的，天子的孝道，與庶人的孝道用心不同，作法亦異。天子的孝道，最高遠目標是要保宗廟、治四海、序人倫、別上下；庶人的孝道，遠罪豐家、保有四體也就夠了。這是有條件的行孝啊！有條件的行孝，那是利害相參、利取其重、害祈其輕的做法。孔門不言利，孟子羞說利而不免以利害說孝的原因，蓋或勸說術之一吧！胡適之先生有：「樹本無心結子，我也無恩於你。」不要兒子孝順的胸襟，教養兒女作一堂堂正正的人爲責任。時人把胡先生看做洪水猛獸。事隔半世紀多，今日做父母的可曾也善待過自己子女、愛護子女，你是在做投資生意呢？還是在做投機生意？想從子女身上獲利呢？還是想免除無後爲大、不孝的罪名？今日工商社會，看來均似一場買賣，胡先生教我們要怎樣結果，就要怎樣栽，眞是值得三思呀！

六、聖火

運動會必須點聖火，是例行的，不可或缺的「師意」工作。若果有人說，不燃那聖火，不照樣可舉行運動會？誠然，會是照常舉行，成績也爲世人所公認。猶之男女相悅，不舉行周公之禮（問名、納采……）照樣可先享周公之禮，（苟合）。只是存心違背傳統呢！亦猶之佛徒以素雞、素鴨作食，外表似雞、似鴨，味道不同啊！

七、自亂陣腳

坐公共汽車，對不排隊、憑力氣一擁而上的事兒是司空見慣，但也有整齊隊伍、魚貫登車的，英雄們可就沒有用武之地了。就說靠近台大的公館各路車站吧！大概地靈了，人也傑了，多見排隊的、依次序上車，是絕大多數人自愛，不求幸進的最佳說明。但偶爾也見到二、三其人，硬衝車門，伸手將車票交給車掌，車掌小姐心不見是非、眼不睹和祥次序的隊伍接了票、剪了洞，插隊者就可堂而皇之登車，因爲車掌這一剪一撕，代表了「合理」「合法」。一、二幸進得逞，其餘蜂踴而來，天下大亂了，車掌小姐大罵後上的人缺教養……群衆本是善良的，非是二、三宵小亂天下，而是主事者自亂陣腳，孟子說的：「上無道揆，下無法守。」車掌小姐是一車之主呢，其亂不亦宜乎！（一九六九秋）

八、社區建設

國父建設大中國的藍圖，於居室工業方面，要政府以科學方法、有計畫去建築中國一切居室，期於價廉、安適、方便。先　總統亦於育樂兩篇補述中，提到城市與鄉村要均衡發展，每一家庭都得到充分的空間和健康環境。特別提到以台灣爲模式，光復大陸後，市鄉建設中，每一家庭享有充分空間，並且以人口比例，開闢體育場和遊息場所。二位父輩（國父和革命軍之父）關切樂利我民的殷情，中華子孫將可萬世蒙受餘蔭。然而，回頭來看看我們今日如雨後春筍般的市鄉建築，橫七豎八、門牌號碼之亂，兩屋間空地之窄，難怪小兒們以巷道作棒球場。所以如此者，或係各縣市主管地政的科局人員，未曾讀過二父遺教，未曾替地方建設盡心設計，未曾替社會大衆盡責。上負二老，下負全國同胞及後世子孫。現今空地仍多、民間資本雄厚，盼望亡羊補牢，懲前車之鑑，有關方面作有效領導，建設整齊、美觀、舒適及有適當空間的居室，這是大家後死者的共同責任。（民五十八年秋）

九、用人與被人用

左傳稱秦穆公用敗軍之將孟明爲：「舉人之周也，與人之壹也。」意思是：穆公舉用人才，識得大體，周備的愛護，不因失敗而推責任，許他專心致志，以從事所託付的使命。孟明、曾三敗於晉，做過俘虜，喪師辱國。君王左右及輿論都主張殺他以謝天下。但是，穆公卻歸罪於己，非但不罪孟明，且倚重如故。三戰三敗，寵信不衰。孟明遂發憤努力，夙夜匪懈，以報答穆公。不僅洗雪了被晉軍數敗的羞辱，同時還爲穆公向西開闢了千里土地，獨霸西戎，史書稱穆公知人。比起後世君王，一聞人過，誅人九族；陣前一北，永不翻身，穆公的胸襟，後世眞是罕有。

記得幾年前紀政小姐以一言鍼砭我朝野，要我們善待陣前失利的七虎小將們。一語驚醒夢中人，以前我們聞勝則鳴爆竹用遙相賀，傳敗則涕泗滂沱，美其名曰愛國情操，至是風氣一變爲止。

日本少棒顧問鈴木，率領七戰七北的調布隊與我們作第八度交手，只一分再敗，驚弓之鳥，已足使他顫抖了，所以不待全部賽完，就悻悻坐機回國。以鈴木說，七敗後猶存餘悸；以日本調布隊仍用常敗將軍，不詳的標誌。鈴木顧問卻說：抑亦「知人」乎？今聞日本已奪得世界少棒冠軍、日本史家，大可替鈴木作傳時大書特書說：他曾七戰七敗，長官不以爲不賢，僚屬不以爲不智，故能於一九七六年七敗以後戰勝中國，奪得世界少棒冠軍……

用人與被用，難呀！這胸襟是不受歷史長短影響的呀！

一九七六年

不是跋，也算廣告吧：

讀者先生，如果您有興趣閱讀易經傳注的話，林漢仕所輯的乾坤傳識，否泰輯眞，易傳綜理，易經傳傳，易傳評估及即將出版的易傳匯眞，易傳廣玩等書，雖不叫做比較易傳，實際上正是二千年來易經傳注的大比較，它以淺近的文言寫成的，其中，也有我個人發前人之未發的獨見「謬論」，應該算是純學術探討。另外，還有一本書叫孟子探微的，光看那附印的孟子外書，刺孟，疑孟，刪孟，非孟的文字，似乎就值得「回票」何況還有對孟子其人其書的介紹，引證頗詳。至若本書『錦鏽河山見聞』，個人寫作態度上是很認眞的，只是有些信手拈來的資料，怕有魯魚亥豕的誤植，還請諸先進大雅教正，不勝感激啊！

九六年秋